高等职业教育会计专业课程系列教材

All True Training of Audit

审计全真实训

朱 明主 审
王章友 主 编
高雪平 吴 燕 副主编

东北财经大学出版社 大连
Dongbei University of Finance & Economics Press

图书在版编目（CIP）数据

审计仝真实训 / 王章友主编. —大连：东北财经大学出版社，2018.2
（高等职业教育会计专业课程系列教材）
ISBN 978-7-5654-2652-0

Ⅰ. 审…　Ⅱ. 王…　Ⅲ. 审计学-高等职业教育-教材　Ⅳ. F239.0-44

中国版本图书馆CIP数据核字（2017）第007740号

东北财经大学出版社出版
（大连市黑石礁尖山街217号　邮政编码　116025）
网　　址：http://www.dufep.cn
读者信箱：dufep@dufe.edu.cn
大连日升彩色印刷有限公司印刷　　东北财经大学出版社发行
幅面尺寸：185mm×260mm　字数：251千字　印张：10.75　插页：1
2018年2月第1版　　2018年2月第1次印刷
责任编辑：王天华　周　慧　　责任校对：慧　心
封面设计：冀贵收　　版式设计：钟福建
定价：25.00元

教学支持　售后服务　　联系电话：（0411）84710309

如有印装质量问题，请联系营销部：（0411）84710711

前　言

随着互联网和计算机信息技术的广泛使用，我国信用体系和社会监督体系不断完善，经济社会对经济信息的合法性和公允性要求有了更新、更高的需求，对审计人才的需求也不断加大。近年来，越来越多的高等职业学院会计类专业毕业生加入注册会计师行列，为我国经济监督体系的完善发挥着应有的作用。

本书以最新的审计准则及其指南为依据，结合高等职业教育人才培养目标，根据审计工作过程设计项目和学习任务，依据培养学生审计实践能力为主、理论够用为度的原则，按照高等职业教育理实一体化教学要求编写。本书以培养初步具有审计助理人员素质和能力的高技能技术型人才为核心，“以学生为中心”，以个人或小组为单位，采用情景角色模拟实训与手工实训相结合的多元化实训方式，以“营改增”后一个制造业企业的会计资料为主线、以注册会计师审计工作底稿为载体的审计业务全真实训为主要手段，配以课后练习题相结合的方式，培养学生的实践操作能力，夯实学生基本素质和能力，突出专业拓展素质和能力培养，全面培养学生的就业素质和能力，具有较强的针对性、实用性和有效性。

本书由浙江经贸职业技术学院审计专业团队编写，王章友担任主编，高雪平、吴燕担任副主编，刘学思参编。具体编写分工如下：项目一、二由朱明编写，项目三、四、五由王章友编写，项目六由吴燕编写，项目七由刘学思编写，项目八由高雪平编写。浙江新中天会计师事务所缪兰娟总经理，浙江耀华会计师事务所审计部经理、注册会计师袁曼审阅了本书的写作大纲并提出了宝贵意见，在此谨表谢意。全书最后由朱明负责主审、修改、总纂并定稿。

本书可与东北财经大学出版社出版、朱明主编的《审计实务》教材配套使用。

由于编者水平有限，本书难免存在错误和不当之处，恳请读者批评指正。

编　者

2017年11月

目　录

项目一

审计初步业务活动

实训1　接受审计委托

实训导引

接受审计委托是注册会计师审计初步业务活动阶段的重要工作，是防范审计风险的第一个关键控制点。正确的客户选择或保持，有助于会计师事务所将审计风险控制在风险形成之前。客户的可审性、注册会计师的专业胜任能力等是决定会计师事务所是否接受被审计单位审计委托时必须严加考虑的事项。

你需要关注的问题

1.客户的可审性表现在哪些方面？

2.注册会计师的胜任能力包括哪些？

3.中国注册会计师审计准则中对注册会计师接受审计委托方面有哪些规定？

4.审计业务约定书具有合同性质，与供销或服务合同有哪些异同？

实训内容

一、实训目的

通过本实训你应该能够：

1.熟悉注册会计师业务承接流程。

2.掌握注册会计师业务承接过程中应把握的执业原则。

3.正确判断客户的可审性和承接业务的可行性，正确选择客户。

4.正确填写“客户业务承接/保持评价表”，草拟审计业务约定书。

5.正确地表述业务商谈内容和想法。

6.恰当地进行人际交流语言和举止表达。

视频：美SEC指控安永触犯审计机构独立性规则

图片：审计收费

二、实训任务

1.将学生分为会计师事务所组和被审计单位组结对进行相应角色扮演。

2.在教师的指导下，每对小组共同编写和完善接受审计委托的情景和角色模拟实训脚本。

3.完成客户向会计师事务所发出审计委托邀请、事务所对客户基本情况的初步了解、填写客户业务承接/保持评价表、审计业务约定书的签订等工作。

4.每对小组根据实训剧本共同进行情景角色模拟表演。

5.撰写小组和个人实训总结。

三、实训资料

1.会计师事务所基本资料

（1）大连中正会计师事务所有限责任公司

全国百强会计师事务所之一，是一家具有一定规模的集团化公司；拥有注册会计师180名，其中50名同时具有注册税务师、期货证券师资格。事务所设有主要业务部门：企业审计业务部4个，税务业务部2个，咨询业务部2个，培训部1个。事务所企业审计一部经理宋勇斌与恒顺公司总经理为五代以外表兄弟关系。事务所企业审计二部注册会计师汪宇华3年前曾经以私人名义为大连恒顺环保设备股份有限公司进行会计内部控制制度设计与完善咨询服务。

（2）辽宁威达会计师事务所

全省百强会计师事务所之一，是一家规模较大的会计师事务所；拥有注册会计师90名，其中同时拥有注册税务师资格的30名、期货证券师资格的10名。事务所设有主要业务部门：企业审计业务部3个，税务业务部1个，咨询业务部1个。事务所企业审计一部注册会计师胡兵曾经为大连恒顺环保设备股份有限公司财务经理，已离职25个月。事务所企业审计二部注册会计师姚华云拥有恒顺公司股票，份额为0.002%。

2.客户基本资料

大连恒顺环保设备股份有限公司（以下简称恒顺公司）一直请辽宁方林会计师事务所（经办人韩楚英，13857445576）对其财务报表进行审计，该事务所2018年1月1日由于人员变动不能再为恒顺公司服务，恒顺公司欲重新选择会计师事务所为其2017年财务报表进行审计并能在2018年4月25日前出具财务报表审计报告。

经恒顺公司客户介绍，得知有中正会计师事务所和威达会计师事务所可以为公司提供审计服务。公司欲在两个事务所中选择一家进行2017年年度报表审计。

大连中正会计师事务所接到大连恒顺环保设备股份有限公司的业务请求后，于2018年2月3日安排企业审计一部姜爱军和田阳2名注册会计师（姜爱军为项目经理，企业审计一部经理为宋勇斌），对恒顺公司的基本情况进行了调查了解。会计师事务所地址：辽宁省大连市沈阳区金灵街268号；开户银行：中国银行大连下沙支行；银行账号：4560141000868；联系电话：0411-87929917；传真：0411-87929709。

辽宁威达会计师事务所接到大连恒顺环保设备股份有限公司的业务请求后，于2018年2月8日安排企业审计二部张蔷和尹新君2名注册会计师（张蔷为项目经理，企业审计二部经理为王世发），对恒顺公司的基本情况进行了调查了解。会计师事务所地址：辽宁省大连市朝阳区马腾路1236号；开户银行：中国工商银行大连上城支行；银行账号：346114570932；联系电话：0411-88693952；传真：0411-88694422。

截至2017年12月31日恒顺公司的资料如下：

（1）公司基本情况简介

公司名称：大连恒顺环保设备股份有限公司

英文名称：DALIAN HENGSHUN HUANBAO SHEBEI COMPANY LIMITED

法定代表人：陈旺生

注册资本：490 000 000元

实收资本：490 129 478元

注册地址：辽宁省大连市工业园区2888号

办公地址：辽宁省大连市工业园区2888号

邮政编码：116000

电　话：0411-81045083

传　真：0411-81045092

公司国际互联网网址：http：//www.dlhshb.cn

公司电子信箱：hengshun@dlhshb.cn

公司首次注册登记日期：1998年6月16日

2015年公司更换了新营业执照，统一社会信用代码为8231457628646246NX。

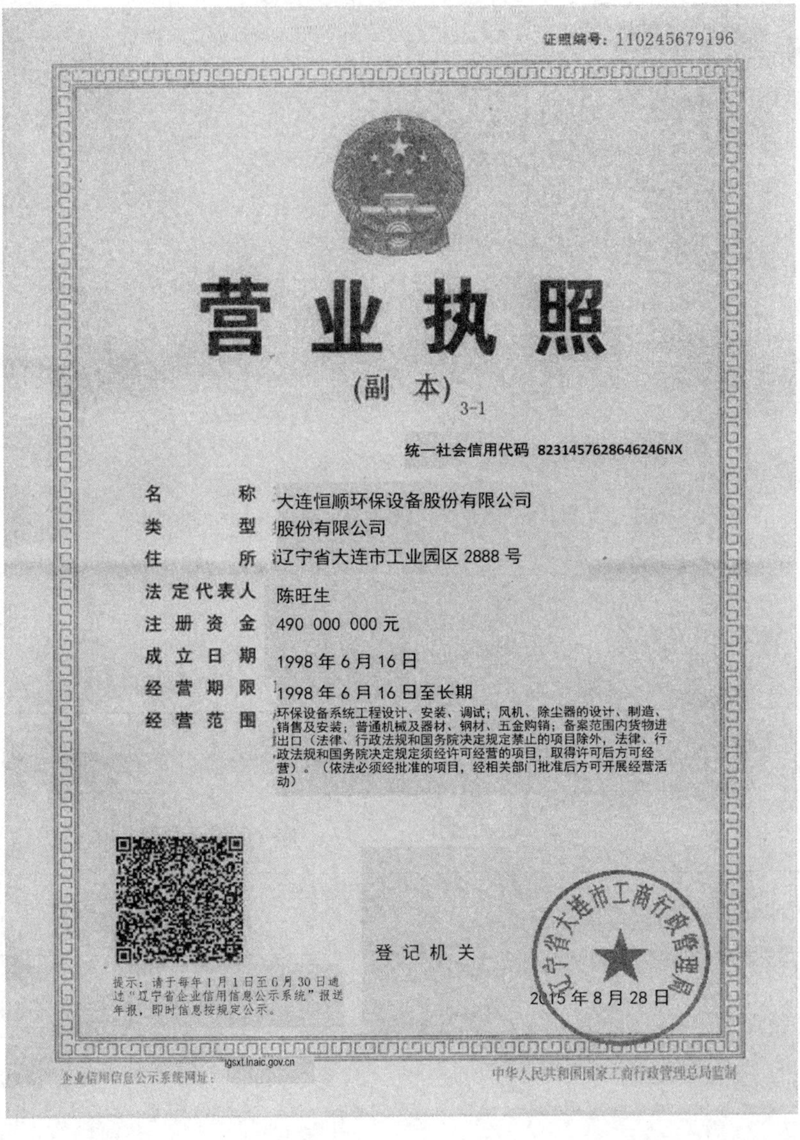

证照编号：110245679196

营业执照

（副本）

3-1

统一社会信用代码　8231457628646246NX

名　　称　大连恒顺环保设备股份有限公司

类　　型　股份有限公司

住　　所　辽宁省大连市工业园区2888号

法定代表人　陈旺生

注册资金　490 000 000元

成立日期　1998年6月16日

经营期限　1998年6月16日至长期

经营范围　环保设备系统工程设计、安装、调试；风机、除尘器的设计、制造、销售及安装；普通机械及器材、钢材、五金购销；备案范围内货物进出口（法律、行政法规和国务院决定规定禁止的项目除外，法律、行政法规和国务院决定规定须经许可经营的项目，取得许可后方可经营）。（依法必须经批准的项目，经相关部门批准后方可开展经营活动）

提示：请于每年1月1日至6月30日通过“辽宁省企业信用信息公示系统”报送年报，即时信息按规定公示。

登记机关

辽宁省大连市工商行政管理局

2015年8月28日

企业信用信息公示系统网址：gsxt.lnaic.gov.cn

中华人民共和国国家工商行政管理总局监制

公司是于1998年6月16日由恒顺集团独家发起设立的股份有限公司，成立时公司总股本11 000万股，控股股东恒顺集团持股65.91%，公司股票于1998年7月2日在上海证券交易所上市。2005年公司实施了送红股、资本公积转增股本的利润分配政策后，总股本增至16 500万股，在2006年2月公司完成股权分置改革工作，2010年8月公司完成非公开发行后，公司总股本增至49 012.9478万股，国有法人股权由实际控制人蓝天集团和控股股东恒顺集团分别持有，持股比例合计68.71%。

公司名列“中国最大环保设备企业100强”，是辽宁省重要的环保设备生产基地，具有年产2万件环保设备的生产能力，产品广泛应用于化工、纺织、建材、造纸、玻璃、涂料、农业、化肥等多行业的环保工作。主产品均获得ISO9000系列国际认证。公司业务分布国内各个省份及美国、日本、法国、德国、英国等国家。

2010年8月，公司完成非公开定向增发工作，向实际控制人蓝天集团、控股股东恒顺集团合计发行110 279 478股人民币普通股（A股），蓝天集团、恒顺集团以资产（即蓝天集团、恒顺集团合计持有的大连恒顺环保设备股份有限公司90.91%股权，恒顺集团持有的辽阳蓝天股份有限公司54.8%股权）进行认购。辽宁蓝天风机股份有限公司、辽宁蓝天除尘机股份有限公司成为本公司控股子公司。公司在原有五金销售行业、钢材销售行业、部分环保设备行业制造的基础上，进入环保设备制造行业，在产业布局上涵盖环保设备制造行业下的三个子行业，即风机制造、除尘机制造和五金、钢材销售，成为产业链最完整的环保设备制造与销售上市公司。

（2）公司控制关系，实际控制人、控股股东情况介绍

公司实际控制人辽宁蓝天集团有限公司（地址：辽宁省朝阳市工业园区116号，主营：除尘设备及其附产品生产销售）持有公司控股股东大连恒顺集团有限公司65.01%的股权。实际控制人持有本公司股份56 282 750股，占公司总股本19.40%。截至2016年12月31日，蓝天集团总资产为312.36亿元、净资产为73.65亿元（归属于母公司的为51.48亿元）。

公司控股股东大连恒顺集团有限公司持有公司股份241 570 000股，占公司总股本49.30%。截至2016年12月31日，大连恒顺集团总资产为201.68亿元、净资产为45.27亿元（归属于母公司的为20.66亿元）。

（3）公司主要子公司情况介绍（见表1-1）

表1-1 公司主要子公司情况

单位名称	出资金额（万元）	持股比例（%）
辽宁蓝天股份有限公司	75 417.68	90.91
辽阳蓝天股份有限公司	13 912.68	54.80
辽宁蓝天风机股份有限公司	21 320.00	82.00
辽宁蓝天除尘机股份有限公司	6 000.00	100.00

①辽宁蓝天有限公司，主营风机、除尘机、石墨等环保设备。建成投产后生产能力为年产风机5万台，过滤袋20万个，石墨40万块，石墨杆30万根。地址：辽宁省营口市工业园区136号。

恒顺公司直接持有辽宁蓝天股份有限公司90.91%的股份；通过辽宁蓝天股份有限公司间接持有辽宁蓝天风机股份有限公司5.45%的股份，合计持股比例为82%，处于控股地位。

②辽阳蓝天股份有限公司，主营除尘机、石墨及其他环保设备。生产能力为年产除尘机1.8万台，过滤袋10万个，石墨杆20万根。公司持有其54.80%的股份，处于控股地位。地址：辽宁省辽阳市工业园区268号。

③辽宁蓝天风机股份有限公司，2010年8月31日完成工商登记，该公司目前处于建设筹备阶段。地址：辽宁省锦州市高新技术开发区489号。

④辽宁蓝天除尘机股份有限公司，2011年1月6日完成工商登记，该公司目前处干建设筹备阶段。地址：辽宁省沈阳市经济开发区366号。

（4）主要会计政策

①公司会计核算执行的是新企业会计准则、企业会计制度；记账本位币为人民币；外汇收入按当月1日的汇率计算。

②交易性金融资产期末按成本市价孰低计价，无其他短期投资。

③坏账计提采用账龄分析法；存货一律采用实际成本法进行核算，发出计价采用加权平均法；产品成本采用分步法；在产品按约当产量法计算期末成本；在产品期末成本包括料工费；周转材料采用五五摊销法；期末按单项存货成本高于可变现净值的差额计提存货跌价准备。

④长期投资按会计准则规定进行核算，期末不计提减值准备。

⑤固定资产采用直线折旧法计提折旧，残值率为5%；固定资产折旧年限分别为：房屋建筑物30年，机器设备15年，运输工具8年，电子设备5年。

⑥固定资产建设贷款利息均按规定进行了资本化和非资本化会计核算；固定资产、在建工程、无形资产不计提减值准备；无形资产只有一项专利权，按10年平均摊销；无长期待摊费用。

⑦收入、成本、费用严格按照会计准则和会计制度要求进行会计核算。

⑧各种税率：所得税25%、增值税17%、城市维护建设税5%、教育费附加3%、地方教育费附加1%。

⑨任意盈余公积计提比例为10%、法定盈余公积计提比例为5%。

（5）治理层及管理层关键人员（姓名与职位）

董事长：范礼源　　总经理：林俊青　　副总经理：陆瑶瑶 周舟 刘琴

（6）主要财务人员（姓名与职位）

总会计师：李耀华　　财务经理：董长华　　会计主管：朱一媛（业务联系人）

（7）律师及联系方法

恒顺公司长期聘用正则律师事务所律师陈金峰担任其法律顾问。陈金峰律师的联系电话：13604112856。

(8) 信用情况

通过辽宁省信用管理中心了解到该公司信用等级为AAA。通过前任会计师事务所了解到该公司财务报表一直无重大差错和舞弊。

(9) 其他情况

通过恒顺公司三年财务报表和现有经济、社会环境因素分析，恒顺公司在未来三年内暂无经营风险。该公司未发行任何债券，也无其他融资行为。该公司财务报表按照企业会计准则和《企业会计制度》的规定编制（三年财务报表略）。

按辽价发〔2011〕113号《辽宁省会计师事务所服务收费标准》（试行）计算，恒顺公司此次审计费用应为25 000元。恒顺公司承诺在审计业务约定书签署之日起30日内预付10%的定金，剩余款项于审计报告送达之日起7日内结清。如有任何纠纷选择在大连仲裁委解决。

恒顺公司对外业务联络员为公司经理办公室职员柳石俊，联系电话：0411-85064068；13604113459。

四、实训方式

本实训采取分小组、角色情景模拟实训的方式。

五、实训步骤

1.熟悉客户和会计师事务所基本信息资料；

2.学生分组并进行会计师事务所和客户配对（会计师事务所和客户角色的配对可由老师指定，也可由学生自由选择确定），分别模拟会计师事务所和客户角色，进行审计业务委托、审计业务承接的训练；

3.每对小组根据所选择的会计师事务所和客户角色，共同编写审计业务委托、接受审计业务委托工作过程的剧本，并在教师指导下进行修改、预演、完善；

4.进行正式的情景角色模拟表演；

5.学生和教师对各组表演进行打分；

6.教师讲评；

7.学生撰写实训报告。

六、实训工具

1.会计师事务所、客户单位标示牌，相关岗位标示牌；介绍信。

2.审计业务登记表、审计资料清单，公司营业执照、税务登记证、公司章程。

3.初步业务活动程序表、客户业务承接评价表、主要会计政策调查表。

4.审计业务约定书、执业声明书。

5.审计工作底稿（见表1-2至表1-8）。

表 1-2

________会计师事务所有限责任公司

鉴证业务登记表

客户名称：　　　　　　填表日期：　　年　　月　　日　　　　　　编号：

<table>
<tr><td rowspan="2">名称</td><td>中　文</td><td colspan="3"></td></tr>
<tr><td>英　文</td><td colspan="3"></td></tr>
<tr><td rowspan="3">地址</td><td>住所（注册地址）</td><td></td><td>邮编</td><td></td></tr>
<tr><td>实际办公地址</td><td></td><td>邮编</td><td></td></tr>
<tr><td>其他重要地址</td><td></td><td>邮编</td><td></td></tr>
<tr><td colspan="3">电　话：</td><td colspan="2">传　真：</td></tr>
<tr><td colspan="2">联络人：</td><td>办公室电话：</td><td colspan="2">手机：</td></tr>
<tr><td colspan="3">网　址：</td><td colspan="2">电子邮箱：</td></tr>
<tr><td colspan="2">成立日期</td><td></td><td>注册日期</td><td></td></tr>
<tr><td colspan="2">法人代表</td><td></td><td>注册资本</td><td></td></tr>
<tr><td colspan="2">登记机关</td><td></td><td>注册号</td><td></td></tr>
<tr><td colspan="2">企业类型</td><td colspan="3"></td></tr>
<tr><td colspan="2" rowspan="2">企业规模</td><td colspan="3">□特大型　□大型　□中型　□小型　□微型　□其他</td></tr>
<tr><td>净资产：</td><td>年营业收入：</td><td>雇员人数：</td></tr>
<tr><td colspan="2">所属行业或经营特点</td><td colspan="3"></td></tr>
<tr><td colspan="2">上级主管单位</td><td colspan="3"></td></tr>
<tr><td colspan="2" rowspan="3">管理客户信息</td><td colspan="2">是否取得该客户《企业法人营业执照》副本复印件：
□是　□否</td><td>营业执照是否年检
□是　□否</td></tr>
<tr><td colspan="2">客户类型：□新　□老</td><td>客户编号：</td></tr>
<tr><td colspan="2">业务类别：□报表审计　□验资　□其他</td><td>责任业务员：</td></tr>
<tr><td colspan="2">业务审批</td><td colspan="3"></td></tr>
<tr><td colspan="2">备　注</td><td colspan="3"></td></tr>
</table>

制表人：

表 1-3　被审计公司所需准备资料清单

项　目	适用与否
1.政府批准设立的合同、协议、章程和批准文件、批准证书副本（或复印件），公司基本情况、业务情况简介及各分支机构基本情况；历史发展资料；验资报告	
2.工商行政管理局核发的营业执照副本（复印件）；外商投资企业财政登记证副本（复印件），外汇管理局登记证副本（复印件）	
3.管理层（董事会）会议纪要或决议（列目录清单）及决定经营管理和财务会计问题的资料	
4.公司组织结构图，董事会、管理层、财务人员清单	
5.税务局核发的纳税鉴定或通知书，以及批复的免税文件和其他有关资料（复印件）	
6.有关土地、建筑物、厂房和设备等资产文件的复印件	
7.已有的重要内部管理制度、办法，包括生产经营、劳动管理、工资奖励、劳保福利及财产物资管理制度等	
8.企业会计制度或财务制度及会计核算办法	
9.本年会计报表包括会计主表、会计报表附表、会计报表附注	
10.年末存货和固定资产盘存明细表、汇总及盘盈、盘亏、毁损明细表	
11.银行存款对账单及存款余额调节表	
12.各科目余额明细表	
13.企业对外投资清单；新增对外投资项目的投资合同、协议资料等	
14.关联方资料	
15.一般纳税人的年终增值税申报表；所得税申报表	
16.工效挂钩计提的应付工资清算表	
17.公司主要供应商客户名单以及所签订的重要合同	
18.重要的经济合同（含租赁、贷款、保证、保险、抵押、许可权、委托管理、长期投资、人事招聘、长期购销、专有技术等）复印件	
19.资产减值的计提方法和比例及相关资料	
20.公司内部审计制度及最近的审计报告和近几年有关部门财税检查报告	
21.报表截止日至审计日期间公司重大事项	
22.公司重大财务承诺书	

表 1-4　初步业务活动程序表

被审计单位：________	索引号：A
项目：初步业务活动	财务报表截止日/期间：________
编制：________	复核：________
日期：________	日期：________

初步业务活动目标：

确定是否接受业务委托；如接受业务委托，确保在计划审计工作时达到下列要求：（1）注册会计师已具备执行业务所需要的独立性和专业胜任能力；（2）不存在因管理层诚信问题而影响注册会计师承接或保持该项业务意愿的情况；（3）与被审计单位不存在对业务约定条款的误解。

初步业务活动程序	索引号	执行人
1.如果首次接受审计委托，实施下列程序： （1）与被审计单位面谈，讨论下列事项： ①审计的目标； ②审计报告的用途； ③管理层对财务报表的责任； ④审计范围； ⑤执行审计工作的安排，包括出具审计报告的时间要求； ⑥审计报告格式和对审计结果的其他沟通形式； ⑦管理层提供必要的工作条件和协助； ⑧注册会计师不受限制地接触任何与审计有关的记录、文件和所需要的其他信息； ⑨利用被审计单位专家或内部审计人员的程度（必要时）； ⑩审计收费。 （2）初步了解被审计单位及其环境，并予以记录。 （3）征得被审计单位书面同意后，与前任注册会计师沟通	DH	
2.如果是连续审计，实施下列程序： （1）了解审计的目标，审计报告的用途，审计范围和时间安排等； （2）查阅以前年度审计工作底稿，重点关注非标准审计报告涉及的说明事项，管理建议书的具体内容，重大事项概要等； （3）初步了解被审计单位及其环境发生的重大变化，并予以记录； （4）考虑是否需要修改业务约定条款，以及是否需要提醒被审计单位注意现有的业务约定条款	略	
3.评价是否具备执行该项审计业务所需要的独立性和专业胜任能力	略	
4.完成业务承接评价表或业务保持评价表	AA/AB	
5.签订审计业务约定书（适用于首次接受业务委托，以及连续审计中修改长期审计业务约定书条款的情况）	AC	

表1-5　　业务承接评价表

被审计单位：______	索引号：AA
项目：______	财务报表截止日/期间：______
编制：______	复核：______
日期：______	日期：______

1.客户法定名称（中/英文）：______

2.客户地址：______

电话：______传真：______

电子信箱：______网址：______

联系人：______

3.客户性质（国有/外商投资/民营/其他）：______

4.客户所属行业、业务性质与主要业务：______

______

5.最初接触途径（详细说明）

（1）本所职工引荐______

（2）外部人员引荐______

（3）其他（详细说明）______

6.客户要求我们提供审计服务的目的以及出具审计报告的日期。

______

7.治理层及管理层关键人员（姓名与职位）：

姓　名	职　位

8.主要财务人员（姓名与职位）：

姓　名	职　位

9.直接控股母公司、间接控股母公司、最终控股母公司的名称、地址、相互关系、主营业务及持股比例：

______

10.子公司的名称、地址、相互关系、主营业务及持股比例：

______

11.合营企业的名称、地址、相互关系、主营业务及持股比例：

______

12.联营企业的名称、地址、相互关系、主营业务及持股比例：

______

13.分公司名称、地址、相互关系、主营业务：

______

14.客户主管税务机关：______

续表

15.客户法律顾问或委托律师（机构、经办人、联系方式）：________________

16.客户常年会计顾问（机构、经办人、联系方式）：________________

17.前任注册会计师（机构、经办人、联系方式），变更会计师事务所的原因，以及最近三年变更会计师事务所的频率：________________

18.根据对客户及其环境的了解，记录下列事项：

客户的诚信

信息来源：
例如：
- 与为客户提供专业会计服务的现任或前任人员进行沟通，并与其讨论
- 向会计师事务所其他人员、监管机构、金融机构、法律顾问和客户的同行等第三方询问
- 从相关数据库中搜索客户的背景信息

考虑因素：
- 客户主要股东、关键管理人员、关联方及治理层的身份和商业信誉
- 客户的经营性质
- 客户主要股东、关键管理人员及治理层对内部控制环境和会计准则等的态度
- 客户是否过分考虑将会计师事务所的收费维持在尽可能低的水平
- 工作范围受到不适当限制的迹象
- 客户可能涉嫌洗钱或其他刑事犯罪行为的迹象
- 变更会计师事务所的原因
- 关键管理人员是否更换频繁

⋮

经营风险

信息来源：
例如：从相关数据库中搜索客户的背景信息

考虑因素：
- 行业内类似企业的经营业绩
- 法律环境
- 监管环境
- 受国家宏观调控政策的影响程度
- 是否涉及重大法律诉讼或调查
- 是否计划或有可能进行合并或处置资产
- 客户是否依赖主要客户（来自该客户的收入占全部收入的大部分）或主要供应商（来自该供应商的采购占全部采购的大部分）
- 管理层是否倾向于异常或不必要的风险
- 关键管理人员的薪酬是否基于客户的经营状况确定
- 管理层是否在达到财务目标或降低所得税方面承受不恰当的压力

⋮

财务状况

信息来源：
例如：近三年财务报表

考虑因素：
- 现金流量或营运资金是否能够满足经营、债务偿付以及分发股利的需要
- 是否存在对发行新债务和权益的重大需求
- 贷款是否延期未清偿，或存在违反贷款协议条款的情况
- 最近几年销售、毛利率或收入是否存在恶化的趋势
- 是否涉及重大关联方交易
- 是否存在复杂的会计处理问题
- 客户融资后，其财务比率是否恰好达到发行新债务或权益的最低要求
- 是否使用衍生金融工具
- 是否经常在年末或临近年末发生重大异常交易
- 是否对持续经营能力产生怀疑

⋮

客户的风险级别（高/中/低）：

续表

19.根据本所目前的情况，考虑下列事项：
项目组的时间和资源
考虑因素： • 根据本所目前的人力资源情况，是否拥有足够的具有必要素质和专业胜任能力的人员组建项目组 • 是否能够在提交报告的最后期限内完成业务
项目组的专业胜任能力
考虑因素： • 初步确定的项目组关键人员是否熟悉相关行业或业务对象 • 初步确定的项目组关键人员是否具有执行类似业务的经验，或是否具备有效获取必要技能和知识的能力 • 在需要时，是否能够得到专家的帮助 • 如果需要项目质量控制复核，是否具备符合标准和资格要求的项目质量控制复核人员
独立性
经济利益
考虑因素： 本所或项目组成员是否存在经济利益对独立性的损害： • 与客户存在专业服务收费以外的直接经济利益或重大的间接经济利益 • 过分依赖向客户收取的全部费用 • 与客户存在密切的经营关系 • 过分担心可能失去业务 • 可能与客户发生雇佣关系 • 存在与该项审计业务有关的或有收费
自我评价
考虑因素： 本所或项目组成员是否存在自我评价对独立性的损害： • 项目组成员曾是客户的董事、经理、其他关键管理人员或能够对本业务产生直接重大影响的员工 • 为客户提供直接影响财务报表的其他服务 • 为客户编制用于生成财务报表的原始资料或其他记录
关联关系
考虑因素： 本所或项目组成员是否存在关联关系对独立性的损害： • 与项目组成员关系密切的家庭成员是客户的董事、经理、其他关键管理人员或能够对本业务产生直接重大影响的员工 • 客户的董事、经理、其他关键管理人员或能够对本业务产生直接重大影响的员工是本所的前高级管理人员 • 本所的高级管理人员或签字注册会计师与客户长期交往 • 接受客户或其董事、经理、其他关键管理人员或能够对本业务产生直接重大影响的员工的贵重礼品或超出社会礼仪的款待
外界压力
考虑因素： 本所或项目组成员是否存在外界压力对独立性的损害： • 在重大会计、审计等问题上与客户存在意见分歧而受到解聘威胁 • 受到有关单位或个人不恰当的干预 • 受到客户降低收费的压力而不恰当地缩小工作范围

续表

预计收取的费用及可回收比率	
预计审计收费： 预计成本（计算过程）： 可回收比率：	
20. 其他方面的意见：	
项目负责合伙人： 基于上述方面，我们________（接受或不接受）此项业务。 签名______________________ 日期	风险管理负责人（必要时）： 基于上述方面，我们________（接受或不接受）此项业务。 签名______________________ 日期

最终结论：

签名： 日期：

表 1-6 主要会计政策调查表

项　目	内　容	是否适用	当期变动情况说明
1. 执行的会计制度	新企业会计准则（　）　企业会计制度（　） 小企业会计制度（　）　其他（　）		
2. 记账本位币	人民币（　）　美元（　）　日元（　） 港币（　）　其他（　）		
3. 外币业务记账汇率	按交易发生日的即期汇率（　） 按当月1日的汇率（　）		
4. 短期投资（交易性金融资产）核算方法	期末按实际成本计价（　）　期末按成本与市价孰低法计价（　）　期末按公允价值计量（　）		
5. 短期投资跌价准备计提方法	按投资总体计提（　）　按投资类别计提（　） 按单项投资计提（　）		
6. 坏账核算方法	直接转销法（　）　备抵法（　）		
7. 坏账准备提取方法及提取比例	（1）按余额百分比法提取，比例为（　） （2）按账龄分析法提取，比例为： 1年以内（　）　1~2年（　）　2~3年（　） 3~5年（　）5年以上（　）		
8. 存货计价方法	（1）对于原材料按实际成本计价发出存货时，按：先进先出法（　）　加权平均法（　）　个别计价法（　） （2）对于原材料按计划成本（标准成本）计价 （3）期末存货按实际成本计价（　）		

续表

项　目	内　容	是否适用	当期变动情况说明
9.产品成本计算方法	品种法（　）　分类法（　）　定额比例法（　） 分批法（　）　分步法（　）　其他（　）		
10.在产品计价方法	期末在产品成本：不保留（　）　保留材料成本（　） 料工费均保留（　） 数量确定：约当产量（　）　固定数量（　） 盘存数量（　） 成本确定：实际成本（　）　定额成本（　）		
11.周转材料（包装物、低值易耗品等）	摊销方法：一次摊销法（　）　五五摊销法（　）		
12.存货跌价准备	期末按单项存货成本高于可变现净值的差额计提存货跌价准备		
13.长期股权投资核算方法	（1）对被投资单位实施控制的采用成本法核算（　） 采用权益法核算（　） （2）对被投资单位无共同控制或无重大影响的，采用成本法核算 （3）对被投资单位具有共同控制或重大影响的，采用权益法核算		
14.长期股权投资差额及其摊销	不计算及摊销股权投资差额（　） 计算并按年平均摊销股权投资差额（　）		
15.长期投资减值准备	（1）不计提减值准备 （2）按单项投资预计可收回金额低于其账面价值的差额计提减值准备		
16.固定资产折旧方法	平均年限法（　）　工作量法（　） 双倍余额递减法（　）　年数总和法（　）		
17.固定资产净残值率	固定资产原价的5%（　）　3%（　）　10%（　）		
18.固定资产折旧年限	房屋建筑物（　年）　机器设备（　年） 运输工具（　年）　电子设备（　年）		
19.固定资产减值准备	（1）不计提减值准备 （2）按单项固定资产预计可收回金额低于其账面价值的差额计提减值准备		
20.在建工程减值准备	（1）不计提减值准备 （2）按单项工程预计可收回金额低于其账面价值的差额计提减值准备		

续表

项　目	内　容	是否适用	当期变动情况说明
21.借款费用资本化	为购建固定资产而借入专门借款所发生的借款费用，满足相应资本化条件的，在所购建固定资产达到预定可使用状态前发生的，予以资本化		
22.无形资产内容及摊销方法	（1）　　按　年平均摊销 （2）　　按　年平均摊销		
23.无形资产减值准备	（1）不计提减值准备 （2）对单项无形资产预计可收回金额低于其账面价值的差额计提减值准备		
24.长期待摊费用内容及摊销方法	（1）　　按　年平均摊销 （2）　　按　年平均摊销		
25.销售商品收入确认	（1）一般于产品已经发出，劳务已经提供，同时收讫价款或者取得收取价款的凭据时，确认销售收入的实现 （2）已将商品所有权上的主要风险和报酬转移给购货方；既没有保留通常与所有权联系的继续管理权，也没有对已出售的商品实施控制；与交易相关的经济利益能够流入企业；相关的收入和成本能够可靠地计量		
26.提供劳务收入确认	（1）在同一会计年度内开始并完成的劳务，在完成劳务时确认 （2）如果劳务的开始和完成分属不同的会计年度，当交易的结果能够可靠估计时，在资产负债表日按完工百分比法确认相关劳务收入 （3）在提供劳务交易结果不能可靠估计的情况下，按照对已发生劳务成本的预计补偿程序进行相应会计处理		
27.让渡资产使用权收入确认	（1）与交易相关的经济利益很可能流入企业 （2）收入金额能够可靠计量		
28.所得税核算方法	应付税款法（　）　债务法（　）		
29.税（费）率	所得税（　%）　增值税（　%）　消费税（　%） 城市维护建设税（　%）　教育费附加（　%） 地方教育费附加（　%）　其他（　）		
30.利润分配	（1）各项基金提取比例：法定盈余公积（　%） 任意盈余公积（　%） （2）股利分配		

财务经理：　　　　填表人：　　　　填表日期：

表 1-7

________会计师事务所有限责任公司

业务人员独立执业声明书

被审计单位： 索引号：

会计年度：____年度 页次：

项　　　　目	是	否	不适用
本人声明：			
一、经济利益的独立性			
1.与被审计单位是否存在直接经济利益或重大的间接经济利益？			
2.与被审计单位是否存在密切的经营关系？			
3.是否与被审计单位发生雇佣关系？			
4.本人及家庭成员是否持有被审计单位的股份或股票？			
二、自我评价的独立性			
1.是否曾任被审计单位的董事、经理、其他关键管理人员，或能够对鉴证业务产生重大影响的员工？			
2.是否为被审计单位提供直接影响鉴证业务对象的其他服务？			
3.是否为被审计单位编制属于鉴证业务对象的数据或其他记录？			
三、关系的独立性			
1.与本人关系密切的家庭成员（配偶、子女、父母及兄弟姐妹）是否是被审计单位的董事、经理、其他关键管理人员或能够对鉴证业务产生直接重大影响的员工？			
2.是否与被审计单位有非业务关系上的长期交往？			
3.是否接受被审计单位或其董事、经理、其他关键管理人员或能够对鉴证业务产生直接影响的员工的贵重礼品或超出社会礼仪的款待？			
4.本人是否有注册会计师执业道德标准认定需要回避的各种利害关系？			

业务执行人（签章）： 日期：

（适用于单一企业、年报审计）

表 1-8

审计业务约定书

编号：

甲方：______公司

乙方：_________会计师事务所

兹由甲方委托乙方对20____年度财务报表进行审计，经双方协商，达成以下约定：

一、业务范围与审计目标

1.乙方接受甲方委托，对甲方按照企业会计准则和《____会计制度》编制的20____年12月31日的资产负债表，20____年度的利润表、所有者权益变动表和现金流量表以及财务报表附注（以下统称财务报表）进行审计。

2.乙方通过执行审计工作，对财务报表的下列方面发表审计意见：

（1）财务报表是否按照企业会计准则和《____会计制度》的规定编制；

（2）财务报表是否在所有重大方面公允反映被审计单位的财务状况、经营成果和现金流量。

二、甲方的责任与义务

（一）甲方的责任

1.根据《中华人民共和国会计法》及《企业财务会计报告条例》，甲方及甲方负责人有责任保证会计

续表

资料的真实性和完整性。因此，甲方管理层有责任妥善保存和提供会计记录及相关资料，这些资料必须真实、完整地反映甲方的财务状况、经营成果和现金流量。 2. 按照企业会计准则和《____会计制度》的规定编制财务报表是甲方管理层的责任，这种责任包括：(1) 设计、实施和维护与财务报表编制相关的内部控制，以使财务报表不存在由于舞弊或错误而导致的重大错报；(2) 选择和运用恰当的会计政策；(3) 作出合理的会计估计。 **（二）甲方的义务** 1. 及时为乙方的审计工作提供其所要求的全部会计资料和其他有关资料（在20____年____月____日之前提供审计所需的全部资料），并保证所提供资料的真实性和完整性。 2. 确保乙方不受限制地接触任何与审计有关的记录、文件和所需的其他信息。 3. 甲方管理层对其作出的与审计有关的声明予以书面确认。 4. 为乙方派出的有关工作人员提供必要的工作条件和协助，主要事项将由乙方于外勤工作开始前提供清单。 5. 按本约定书的约定及时足额支付审计费用以及乙方人员在审计期间的交通、食宿和其他相关费用。 **三、乙方的责任和义务** **（一）乙方的责任** 1. 乙方的责任是在实施审计工作的基础上对甲方财务报表发表审计意见。乙方按照中国注册会计师审计准则（以下简称审计准则）的规定进行审计。审计准则要求注册会计师遵守职业道德规范，计划和实施审计工作，以对财务报表是否不存在重大错报获取合理保证。 2. 审计工作涉及实施审计程序，以获取有关财务报表金额和披露的审计证据。选择的审计程序取决于乙方的判断，包括对由于舞弊或错误导致的财务报表重大错报风险的评估。在进行风险评估时，乙方考虑与财务报表编制相关的内部控制，以设计恰当的审计程序，但目的并非对内部控制的有效性发表意见。审计工作还包括评价管理层选用会计政策的恰当性和作出会计估计的合理性，以及评价财务报表的总体列报。 3. 乙方需要合理计划和实施审计工作，以使乙方能够获取充分、适当的审计证据，为甲方财务报表是否不存在重大错报获取合理保证。 4. 乙方有责任在审计报告中指明所发现的甲方在重大方面没有遵循企业会计准则和《____会计制度》编制财务报表且未按乙方的建议进行调整的事项。 5. 由于测试的性质和审计的其他固有限制，以及内部控制的固有局限性，不可避免地存在着某些重大错报在审计后可能仍然未被乙方发现的风险。 6. 在审计过程中，乙方若发现甲方内部控制存在乙方认为的重要缺陷，应向甲方提交管理建议书。但乙方在管理建议书中提出的各种事项，并不代表已全面说明所有可能存在的缺陷或已提出所有可行的改善建议。甲方在实施乙方提出的改善建议前应全面评估其影响。未经乙方书面许可，甲方不得向任何第三方提供乙方出具的管理建议书。 7. 乙方的审计不能减轻甲方及甲方管理层的责任。 **（二）乙方的义务** 1. 按照约定时间完成审计工作，出具审计报告。乙方应于20　年　月　日前出具审计报告。 2. 除下列情况外，乙方应当对执行业务过程中知悉的甲方信息予以保密：(1) 取得甲方的授权；(2) 根据法律法规的规定，为法律诉讼准备文件或提供证据，以及向监管机构报告发现的违反法规行为；(3) 接受行业协会和监管机构依法进行的质量检查；(4) 监管机构对乙方进行行政处罚（包括监管机构处罚前的调查、听证）以及乙方对此提起行政复议。 **四、审计收费** 1. 本次审计服务的收费是以乙方各级别工作人员在本次工作中所耗费的时间或甲方的资产总额为

续表

基础，依据　省　号《会计、审计、税务、资产评估中介服务收费管理办法》的规定标准计算的。经双方商定，本次审计服务的费用总额为人民币____元。

（乙方账户名称：___________开户银行：___________账号：___________）

2.甲方应于本约定书签署之日起____日内支付____%的审计费用，剩余款项于审计报告草稿完成日结清。

3.如果由于无法预见的原因，致使乙方从事本约定书所涉及的审计服务的工作量有明显的增加或减少时，甲乙双方应通过协商，相应调整本约定书第四条第1项下所述的审计费用。

4.与本次审计有关的其他费用（包括交通费、食宿费等）由甲方承担。

五、审计报告和审计报告的使用

1.乙方按照《中国注册会计师审计准则第1501号——对财务报表形成审计意见和出具审计报告》和《中国注册会计师审计准则第1502号——在审计报告中发表非无保留意见》和《中国注册会计师审计准则第1503号——在审计报告中增加强调事项段和其他事项段》规定的格式和类型出具审计报告。

2.乙方向甲方出具审计报告一式____份。

3.甲方在提交或对外公布审计报告时，不得修改或删节乙方出具的审计报告；不得修改或删除重要的会计数据、重要的报表附注和所作的重要说明。

六、本约定书的有效期间

本约定书自签署之日起生效，并在双方履行完本约定书约定的所有义务后终止。但其中第三（二）2、四、五、八、九、十项并不因本约定书终止而失效。

七、约定事项的变更

如果出现不可预见的情况，影响审计工作如期完成，或需要提前出具审计报告时，甲乙双方均可要求变更约定事项，但应及时通知对方，并由双方协商解决。

八、终止条款

1.如果根据乙方的职业道德及其他有关专业职责、适用的法律、法规规定，乙方不适宜继续为甲方提供本约定书约定的审计服务时，乙方可以提出终止履行本约定书。

2.在终止业务约定的情况下，乙方有权就其于本约定书终止之日前对约定的审计服务项目所做的工作收取合理的审计费用。

九、违约责任

甲乙双方按照《中华人民共和国合同法》的规定承担违约责任。

十、适用法律和争议解决

本约定书的所有方面均应适用中华人民共和国法律进行解释并受其约束。本约定书履行地为乙方出具审计报告所在地，因本约定书所引起的或与本约定书有关的任何纠纷或争议（包括关于本约定书条款的存在、效力或终止，或无效之后果），双方选择以下第____种解决方式：

1.向有管辖权的人民法院提起诉讼；

2.提交____ 仲裁委员会仲裁。

十一、双方对其他有关事项的约定

本约定书一式两份，甲乙方各执一份，具有同等法律效力。

甲方：　　　　　　（盖章）	乙方：　　　　　会计师事务所（盖章）
授权代表：（签章）	授权代表：（签章）
电话：	电话：
传真：	传真：
联系人：	联系人：
年　　月　　日	年　　月　　日

七、实训要求

1.学生实训前应在教师指导下仔细阅读参考资料，熟悉注册会计师事务所审计业务范围和规定。

2.剧本在按照业务操作流程顺序撰写：

（1）恒顺公司向会计师事务所提出审计邀约；

（2）事务所进行人员安排、组建审计小组；

（3）审计小组前往恒顺公司做基本情况初步了解；

（4）事务所根据客户情况作出是否接受其审计委托的决定并通知恒顺公司；

（5）如果接受审计委托则双方进行审计业务约定书中条款的商谈；

（6）双方在达成的审计业务约定书上签字盖章（一式二份）。

3.会计师事务所人员应包括：业务接待员、业务总监、审计项目负责人、审计人员；恒顺公司人员应包括业务联络员、财务经理或主管、公司接待员、总经理等。

4.剧本的撰写除将接受审计业务委托的要点体现出来外，还应在公司业务往来中体现常规礼仪礼节、语言和举止。

5.学生剧本的撰写应基本符合实际操作的情况，具有可操作性。

6.剧本应在教师的指导下预演、修改、完善后，进行正式的表演。

八、能力进阶

1.当存在以下情形之一时，注册会计师将如何考虑客户的审计委托？

（1）若恒顺公司为非上市公司，且会计核算不规范，内部控制制度不健全；

（2）若恒顺公司是因与前任注册会计师在2016年在利润虚增问题上有异议而更换会计师事务所的，且提出只要注册会计师提供“无保留意见”审计报告，可将审计费用支付金额提高到30 000元以上。

2.当存在以下情形之一时，恒顺公司应将审计委托给哪家会计师事务所？

（1）辽宁威达会计师事务所承诺，如果双方达成合作协议，将为恒顺公司免费提供一次会计内部控制制度审核和咨询。

（2）大连中正会计师事务所承诺，如果双方达成两年以上合作协议，可九折收取恒顺公司审计费用。

九、接受审计委托脚本设计指南

1.接受审计委托工作过程简介

通常一个客户邀请会计师事务所为其进行审计，主要是通过熟人、客户、事务所业务员等的介绍或推荐。但整个过程仍然类似于一份购销合同的签订过程。主要场景和情形包括：

（1）会计师事务所业务接待处

恒顺公司业务联络员，持介绍信来到会计师事务所业务接待部门与事务所业务接待员洽谈审计委托意向。（此阶段要填写“鉴证业务登记表”）

事务所业务接待员热情接待客人，并与客人亲切交谈。通过与客户交流、问答，了解审计委托人单位的合法身份、企业性质、规模、业务经营范围、审计业务类型、审计目的等之后，判断其要求是否符合注册会计师审计业务范围、是否为本事务所业务能力范围。如果客户的要求是合理的，则同意为其安排审计，否则予以拒绝。并将意思表达给对方。如果同意客户要求，则向其解释工作程序，请对方暂回等待下一步工作安排的通知，并将审计需准备的资料清单一份交给恒顺公司业务联络员。

（本阶段事务所工作重点是**正确选择客户，这是审计风险防范的第一关**。随着政府信用信息平台的不断建立与完善，企业合法身份一般通过政府信用信息平台查询，如信用中国、信用辽宁等网站均可查询企业合法身份）

（2）会计师事务所业务主管办公室

事务所业务接待员认为可以接受客户审计委托意向后，在与事务所业务主管领导协商后，将任务安排给某一审计业务部门（本实训中审计部门由实训小组自行进行设定）。

（本阶段事务所工作重点是**从人员、时间安排方面，考察能否胜任客户的审计委托，这是审计风险防范的第二关**）

（3）某审计业务部门办公室

接到任务后，业务部门经理组织、安排审计项目组成员及负责人。

项目组负责人安排好时间和人员后，电话与恒顺公司业务联络员约定进现场进行初步情况了解的时间、审计人员和联络人、联络方式。

（本阶段实训重点是**掌握对外业务处理中常规、基本工作程序**）

（4）被审计单位所在地

项目组按照“初步业务活动程序表”中设定的程序到被审计单位实施客户可审性评价工作。

对于首次接受委托的单位，注册会计师要事先到被审计单位去调查、了解基本情况，做业务承接评价，看是否能够接受此委托、审计风险有多大等，进行进一步业务洽谈。对于连续接受委托的单位，项目组仅就客户有变化的方面，结合上年度审计情况，进行相应分析、判断、决策即可（这个过程需要填写“客户承接/保持评价表”部分内容、查看表格中涉及的被审计单位资料和现场）。

（本阶段事务所工作重点是**对客户的可审性进行评价，这是防范审计风险的第三关**）

（5）会计师事务所审计项目组办公室

从被审计单位收集完资料后，项目组回到事务所，就被审计单位收集到资料（“客户承接/保持评价表”中客户基本信息部分）、自身条件和能力等做综合评价，并将结果填写在“客户承接/保持评价表”内，最终形成是否接受审计委托的决定。

如果能够接受对方委托，则由项目组拟定一份“审计业务约定书”，交给被审计单位交换意见，如果没有异议则打印成正式稿，双方签字生效。

（本阶段事务所工作重点是**初步估计审计风险，确定是否接受客户审计委托，签订业务合同，这是防范审计风险的第四关**）

（6）被审计单位总经理办公室（或会计师事务所总经理办公室）

双方就协商一致的“审计业务约定书”进行签字仪式。接受审计委托业务工作结束。

2.脚本设计内容

（1）场景设计

被审计单位场景包括：公司牌；总经理室牌；财务科室牌；总经理、会计主管、财务经理的办公桌、办公用品、牌位；公司营业执照及副本、公司章程、公司税务登记证；财务报表、会计账簿、会计凭证各三本；模拟公司印章及印泥；介绍信、水杯、椅子等。

会计师事务所场景包括：事务所牌；接待室牌和接待员牌；审计部牌、办公室；模拟公司印章、模拟公司合同印章及印泥；介绍信、名片、水杯、椅子等。

（2）人物设计

①被审计单位一方：总经理、财务经理、会计主管、出纳、业务联络员各一名，会计人员若干（人数由各小组自行安排）。

②会计师事务所：业务接待员、业务主管、审计某部经理、项目经理各一名（可兼任）、项目组成员若干（由各小组自行安排）。

③文字记录员双方均应选出一名，负责文字记录；影像摄制员双方也均应设置一名，负责拍照片或录像。

（3）对白与动作要求

双方洽谈业务时的对白和动作要与实际工作内容相符合，突出工作原则、要点，做到自然、轻松、切实可行，不做如何艺术夸大。

实训2　审计重要性与审计风险的确定

实训导引

审计重要性和审计风险概念的运用贯穿整个审计过程。在接受审计委托的阶段，注册会计师就已经开始考虑被审计单位的重要性和审计风险了，注册会计师在了解被审计单位及其环境的基础上确定审计重要性和审计风险，并随着审计过程的推进，不断评价、修正重要性和审计风险的合理性。

你需要关注的问题

1.审计的重要性、审计风险如何理解和确定？

2.审计重要性包含几个层次？在审计计划阶段如何评估重要性？

3.审计过程中主要是控制什么审计风险？审计风险与审计重要性是什么关系？

实训内容

一、实训目的

通过本实训你应该能够：

1.熟悉审计重要性和审计风险评估的基本方法；

2.掌握审计重要性和审计风险评估的基本技巧。

二、实训任务

1.计算和确定、分配重要性水平；

2.计算和确定审计风险。

三、实训资料

大连中正会计师事务所注册会计师章永华、王建军，在制订大连恒顺环保设备股份有限公司2017年度会计报表审计计划时，需对其审计重要性和审计风险进行初步评估。对重要性水平的评估两位注册会计师采用了固定比率法。大连中正会计师事务所的审计风险水平一般控制在4%，在初步业务活动阶段，两位注册会计师将大连恒顺环保设备股份有限公司的重大错报风险水平确定在15%。

大连恒顺环保设备股份有限公司未经审计的有关会计报表项目金额及重要性水平的固定比率见表1-9。

表1-9　有关会计报表项目金额及重要性水平的固定比率

报表项目	金额	固定比率
资产总计	268 000万元	0.5%
股东权益合计	188 000万元	1%
主营业务收入	304 000万元	0.5%
利润总额	54 800万元	2%
净利润	88 100万元	5%

大连恒顺环保设备股份有限公司主要资产的金额为：货币资金2 300万元、存货96 800万元、应收账款54 200万元、固定资产103 680万元、其他非流动资产11 020万元。注册会计师章永华、王建军根据恒顺公司的资产结构情况，将审计重要性分配至各项资产。

四、实训方式

本实训采取单人手工实训的方式。

五、实训步骤

1.熟悉实训资料，写出审计重要性和审计风险的计算公式；
2.根据资料，结合公式计算出审计重要性和审计检查风险；
3.教师讲评；
4.撰写个人实训总结。

六、能力进阶

1.如果恒顺股份有限公司的净利润为108 000万元或者62 000万元，固定比率为3%，则该公司的重要性水平是多少？

2.如果大连中正会计师事务所的审计风险水平一般控制在5%或3%，注册会计师将大连恒顺环保设备股份有限公司的重大错报风险水平确定在15%或者22%，则检查风险应该是多少？

项目能力训练

一、单项选择题（下列各题的备选答案中，只有一个是正确的，请将正确答案的字母填在括号内）

1.注册会计师在本期审计业务开始时开展的有利于计划和执行审计工作，实现审计目标的活动总称指的是（　　）。

A.接受客户委托　　B.初步业务活动
C.保持客户　　D.评价客户

2.对新客户的了解和评价情况，注册会计师应记录的工作底稿是（　　）。

A.企业基本情况调查表　　B.业务保持评价表
C.业务承接评价表　　D.初步业务活动表

3.了解和评价被审计单位需要了解的主要情况是（　　）。

A.历史　　B.现在　　C.未来　　D.基本

4.当注册会计师决定接受或保持客户的审计委托后，需同客户签订的合同是（　　）。

A.审计业务约定书　　B.销售合同
C.审计委托书　　D.审计通知书

5.注册会计师应当确定审计业务的（　　），包括采用的会计准则和相关会计制度、特定行业的报告要求以及被审计单位组成部分的分布等，以确定审计范围。

A.特征　　B.要求　　C.计划　　D.目标

6.为了解被审计单位及其环境而实施的程序是（　　）。

A.控制测试程序　　B.风险评估程序
C.分析程序　　D.实质性程序

7.检查文件、记录和内部控制手册，可以了解被审计单位组织结构和（　　）建立健全情况。

A.文件档案管理制度　　B.会计账簿
C.会计核算制度　　D.内部控制制度

8.“了解被审计单位及其环境”主要收集和记录的信息需要填列的工作底稿是（　　）。

A.客户评价表　　B.了解被审计单位及其环境
C.审计初步业务活动表　　D.审计调查表

9.与注册会计师审计需要了解和评价的内部控制有关的是与（　　）相关的内部控制，并非被审计单位所有的内部控制。

A.审计风险　　B.审计重要性　　C.财务报表审计　　D.审计目标

10.通常包括会计估计的是（　　）。

A.判断事项　　B.常规事项　　C.非常规事项　　D.交易事项

二、多项选择题（下列各题的备选答案中，有两个或两个以上的答案是正确的，请将正确答案的字母填在括号内）

1.各项属于注册会计师开展初步业务活动，要实现的主要目的有（　　）。

A.注册会计师已具备执行业务所需要的独立性和专业胜任能力

B.弄清客户审计目的

C.不存在因管理层诚信问题而影响注册会计师保持该项业务意愿的情况

D.与被审计单位不存在对业务约定条款的误解

2.各项属于注册会计师审计初步业务活动内容的主要有（　　）。

A.针对保持客户关系和具体审计业务实施相应的质量控制程序

B.评价遵守职业道德规范的情况，包括评价独立性

C.就业务约定条款与被审计单位达成一致理解

D.编制审计计划

3.各项属于注册会计师应了解的被审计单位基本情况的有（　　）。

A.业务性质　　B.经营规模和组织结构

C.以前年度接受审计的情况　　D.经营情况和经营风险

4.各项属于审计业务约定书含义的有（　　）。

A.签约主体通常是会计师事务所和被审计单位，也包括审计委托人

B.约定内容主要涉及审计业务的委托与受托关系、审计目标和范围、双方责任以及报告的格式

C.签约主体通常是会计师事务所和被审计单位，不包括审计委托人

D.文件性质属于书面协议，具有委托合同的性质，一经签署即具有法律约束力

5.各项属于审计业务约定书必备条款的有（　　）。

A.财务报表审计的目标　　B.管理层对财务报表的责任

C.审计范围　　D.审计收费

6.各项在计划审计工作的过程中，需要作出很多关键决策的有（　　）。

A.确定可接受的审计风险水平　　B.重要性

C.配置项目组人员　　D.安排审计时间

7.注册会计师为了解被审计单位及其环境应当实施的风险评估程序有（　　）。

A.询问被审计单位管理层和内部其他相关人员

B.实施分析程序

C.观察和检查

D.实地盘点

8.各项属于被审计单位为实现财务报告可靠性目标，与财务报表审计相关的内部控制有（　　）。

A.设计的控制　　B.实施的控制　　C.测试的控制　　D.完善的控制

9.在识别和评估重大错报风险时，注册会计师应当实施的审计程序有（　　）。

A.在了解被审计单位及其环境的整个过程中识别风险，并考虑各类交易、账户余额、列报

B.将识别的风险与认定层次可能发生错报的领域相联系

C.考虑识别的风险是否重大

D.考虑识别的风险导致财务报表发生重大错报的可能性

10.各项属于评估重大错报风险的程序有（　　）。

A.识别和评估重大错报风险的审计程序

B.控制环境对评估财务报表层次重大错报风险的影响

C.识别两个层次的重大错报风险

D.控制对评估认定层次重大错报风险的影响

三、判断题（正确的打“√”，错误的打“×”）

1.初步业务活动是控制和降低审计风险的第一道、也是非常重要的屏障。（　　）

2.在接受审计委托阶段，注册会计师除了要考察客户的可审性、自身专业胜任能力外，还要特别注意考察自己是否能够保持独立性，做到客观公正地审计。（　　）

3.了解和评价被审计单位的目的，是评价被审计单位的可审性。因此，了解和评价被审计单位的主要工作内容是了解其全部生产经营情况。（　　）

4.注册会计师应当在审计业务开始前，与被审计单位就审计业务约定条款达成一致意见，并签订审计业务约定书，以避免双方对审计业务的理解产生分歧。（　　）

5.信息技术对审计程序的影响，在注册会计师制订审计计划时，可以不考虑。（　　）

6.为达到编制具体审计计划的要求，注册会计师需要完成风险评估程序，识别和评估重大错报风险，并针对评估的认定层次的重大错报风险，计划实施进一步审计程序的性质、时间和范围。（　　）

7.观察和检查程序可以印证对管理层和其他相关人员的询问结果，并可提供有关被审计单位及其环境的信息。（　　）

8.除了从被审计单位内部获取信息以外，如果根据职业判断认为从被审计单位外部获取的信息有助于识别重大错报风险，注册会计师可不再实施其他审计程序以获取这些信息。（　　）

9.了解与特别风险相关的控制，有助于注册会计师制订有效的审计方案予以应对。对特别风险，注册会计师应当评价相关控制的设计情况，并确定其是否已经得到执行。（　　）

10.《中国注册会计师审计准则第1211号——了解被审计单位及其环境并评估重大错报风险》作为专门规范风险评估的准则，规定注册会计师应当了解被审计单位及其环境，以足够识别和评估财务报表重大错报风险，设计和实施进一步审计程序。（　　）

项目二

销售与收款循环审计

实训1　销售与收款循环内部控制测试

实训导引

对被审计单位的内部控制制度进行测试，是控制审计风险的重要程序。在识别和评估重大错报风险时，审计准则要求注册会计师了解与审计相关的内部控制，从而为设计和实施针对评估的重大错报风险采取的应对措施提供基础。内部控制测试的核心工作是评价被审计单位的内部控制是否建立健全和运行有效。

你需要关注的问题

1.实施内部控制测试的条件有哪些？

2.销售与收款循环业务特点是什么？相关的内部控制包括哪些内容？

3.销售与收款循环内部控制测试包括几个方面？

4.销售与收款循环内部控制测试的主要步骤是什么？

5.控制测试的审计证据是如何收集的？

图片：审计风险评估总流程

实训内容

一、实训目的

通过本实训你应该能够：

1.在明确审计目标要求的前提下，结合销售与收款循环业务的特点，按审计程序要求执行控制测试。

2.熟悉销售与收款循环内部控制及其测试工作的内容、方法.

3.掌握销售与收款循环控制测试工作底稿的基本编制方法。

二、实训任务

1.根据所给出的公司资料，填写审计工作底稿“销售与收款循环控制执行情况的评价结果”中“被审计单位的控制活动”一栏内容。

2.根据测试结果填写“销售与收款循环控制执行情况的评价结果”底稿中“控制活动对实现控制目标是否有效（是/否）”、“控制活动是否得到执行（是/否）”和“是否测试该控制活动运行有效性（是/否）”等项目。

三、实训资料

大连恒顺环保设备股份有限公司（以下简称恒顺公司）是一家生产和销售环保设备的大型制造企业，其现行的销售政策和程序业经董事会批准，如果需对该项政策和程序作出任何修改，均应经董事会批准后方能执行。本年度该项政策和程序没有发生变化。

恒顺公司的产品主要为除气机、过滤袋、风机和石墨，通用性较强。所有产品按订单生产，其中约75%的产品系销售给国外中间商，全部采用海运方式，以货物离岸作为风险、报酬转移的时点。通常情况下，这些顾客于每年年初与公司签订一份包含全年预计所需商品数量、基本单价等条款的一揽子采购意向合同。顾客采购意向的重要条款由董事会审批，并授权总经理签署。恒顺公司根据顾客采购意向总体安排采购原材料及生产计划，实际销售业务发生时，还需要与顾客签订出口销售合同。对于向国内销售的部分，恒顺公司根据订单金额和估算毛利情况，分别授权不同级别人员确定是否承接。

恒顺公司使用用友系统处理销售与收款交易，自动生成记账凭证和顾客清单，并过至营业收入和应收账款明细账和总账。主要人员见表2-1。

表2-1　销售与收款业务涉及的主要人员

职　务	姓　名	职　务	姓　名
总经理	林俊青	业务员	邱慧荣
副总经理	陆瑶瑶	信息管理员	马天龙
财务经理	董长华	生产计划经理	程成安
会计主管	朱一媛	生产经理	张巨业
出纳员	陈新贤	技术经理	杨凯歌
应收账款记账员	刘美琪	供应与运输经理	温宝宗
办税员	吴欣欣	仓库保管员	郭靖华
销售经理	肖勤喜	单证员	胡荣华

注册会计师章永华、王建军于2018年1月15日采用询问、观察和检查等方法，了解并记录了恒顺公司2017年度销售与收款循环的主要控制流程，并已与财务经理董长华、销售经理肖勤喜确认下列所述内容。同时，因对销售与收款循环涉及的税金实施实质性程序更为有效，故以下控制程序中将不涉及税金。

1.有关职责分工的政策和程序

恒顺公司建立了下列职责分工政策和程序：

（1）不相容职务相分离。主要包括：订单的接受与赊销的批准、销售合同的订立与审批、销售与运货、实物资产保管与会计记录、收款审批与执行等职务相分离。

（2）各相关部门之间相互控制并在其授权范围内履行职责，同一部门或个人不得处理销售与收款业务的全过程。

2.主要业务活动介绍

（1）销售

①新顾客

如果是新顾客，他们需要先填写“顾客申请表”，销售经理肖勤喜将进行顾客背景调查，获取包括信用评审机构对顾客信用等级的评定报告等，填写“新顾客基本情况表”，并附相关资料交至副总经理陆瑶瑶审批。陆瑶瑶副总经理将在“新顾客基本情况表”上签字注明是否同意赊销。通常情况下，给予新顾客的信用额度不超过人民币30万元。若高于该标准，信用额度在人民币30万元以上的应经由总经理林俊青审批。

根据经恰当审批的新顾客基本情况表，信息管理员马天龙将有关信息输入用友系统，系统将自动建立新顾客档案。

完成上述流程后，新顾客即可与公司进行业务往来，向恒顺公司发出采购订单。

对于新顾客的初次订单，不允许超过经审批的信用额度。如新顾客能够及时支付货款，信用良好，则可视同“现有顾客”进行交易。

②现有顾客

收到现有顾客的采购订单后，业务员邱慧荣将订单金额与该顾客已被授权的信用额度以及至今尚欠的账款余额进行检查，经销售经理肖勤喜审批后，交至副总经理陆瑶瑶复核。如果是超过信用额度的采购订单，应由总经理林俊青审批。

③签订合同

经审批后，授权业务员邱慧荣与顾客正式签订销售合同。

信息管理员马天龙负责将顾客采购订单和销售合同信息输入用友系统，由系统自动生成连续编号的销售订单（此时系统显示为“待处理”状态）。每周，信息管理员马天龙核对本周内生成的销售订单，将销售订单和合同存档管理，对任何不连续编号的情况进行检查。

每周，应收账款记账员刘美琪汇总本周内所有签订的销售合同，并与销售订单核对，编制销售信息报告。如有不符，应收账款记账员刘美琪将通知信息管理员马天龙，与其共同调查该事项。

业务员邱慧荣根据系统显示的“待处理”销售订单信息，与技术经理杨凯歌、生产经理张巨业、财务经理董长华分别确认技术、生产和质量标准以及收款结汇方式，由生产计划经理程成安制定生产通知单。如果顾客以信用证方式付款，则在收到信用证后开始投入生产；如果采用预收货款电汇方式，则在收到50%的预付货款后投入生产。

开始生产后，系统内的销售订单状态即由“待处理”自动更改为“在产”。

（2）确认、记录应收账款

①记录确认应收账款

产品生产完工入库后，恒顺系统内的销售订单状态由“在产”自动更改为“已完工”。

信息管理员马天龙根据系统显示的“已完工”销售订单信息和销售合同约定的交货日期，开具连续编号的销售发票（出口发票为一式六联发票），交销售经理肖勤喜审核，发票存根联由销售部留存，其他联次分别用于报关、出口押汇、税务核销、外汇核销以及财务记账等。

报关部单证员胡荣华收到销售发票后办理报关手续，办妥后通知。同时，业务员邱慧荣在系统内填写出运通知单，确定装船时间。出运通知单的编号在业务员邱慧荣输入销售订单编号后自动生成。根据系统的设置，如输入错误或不存在的销售订单编号，则无法生成相对应的出运通知单。

供应运输经理温宝宗根据系统显示的出运通知单信息，通知安排组织成品出库运输。

船运公司在货船离岸后，开出货运提单，通知恒顺公司货物离岸时间。

信息管理员马天龙将商品离岸信息输入系统，系统内的销售订单状态由“已完工”自动更改为“已离岸”。

应收账款记账员刘美琪根据系统显示的“已离岸”销售订单信息，将销售发票所载信息和报关单、货运提单等进行核对。如所有单证核对一致，应收账款记账员刘美琪编制销售确认会计凭证，后附有关单证，交会计主管朱一媛复核。

若核对无误，会计主管朱一媛在发票上加盖“相符”印戳，应收账款记账员刘美琪据此确认销售收入实现，并将有关信息输入系统，此时系统内的采购订单状态即由“已离岸”自动更改为“已处理”。

如果期末商品已经发出但尚未离岸，则应收账款记账员刘美琪根据货运提单等单证记录应收账款，并于下月月初冲回，当系统显示“已离岸”销售订单信息时，记录销售收入实现。

国内销售除无需办理出口报关手续外，其他与出口销售流程基本一致。以下控制流程记录中将不再涉及国内销售。

②调整应收账款销售退回、折扣与折让

恒顺公司产品若发生质量等纠纷，顾客主要应采取索赔方式，根据双方确定的金额调整应收账款。业务员邱慧荣接到顾客的索赔传真件等资料后，编制连续编号的顾客索赔投诉处理表，先传递至生产部门和技术部门，由生产经理张巨业与技术经理杨凯歌确定是否确属产品质量问题，并签字确认。如确属恒顺公司的责任，财务部应收账款记账员刘美琪在顾客索赔处理表注明货款结算情况，然后传递至生产部门和技术部门，由生产经理张巨业、技术经理杨凯歌确定是否确属质量问题，经他们签字后确认是否属恒顺公司责任。对于索赔金额不超过人民币8万元及以下的，由销售经理肖勤喜批准，如超过该标准，索赔金额8万元以上的应经由总经理林俊青审批。索赔的方式为调整应收账款金额。

如果发生国内销售退货，其处理与索赔流程基本相同，对退回的商品应由供应运输部成品库验收并单独存放。

应收账款记账员刘美琪编制应收账款调整分录，后附经适当审批的顾客索赔投诉处理表，交会计主管朱一媛复核后进行账务处理。

③对账及差异处理

月末，会计主管朱一媛编制应收账款账龄报告，其内容还应包括应收账款总额与应收账款明细账合计数以及应收账款明细账与顾客对账单的核对情况。如有差异，会计主管朱一媛应立即进行调查。如调查结果表明需调整账务记录，会计主管朱一媛应编制应收账款调节表和调整建议，连同应收账款账龄分析报告交至财务经理董长华批准后方可进行账务处理。

④计提坏账准备和核销坏账

恒顺公司董事会制订并批准了应收账款坏账准备计提方法和计提比例的会计估计。

每年年末，销售经理肖勤喜根据以往的经验、债务单位的实际财务状况和现金流量的情况，以及其他相关信息，编写应收账款可收回性分析报告，交财务部复核。

会计主管朱一媛编制应收账款可收回性分析报告，分析坏账准备的计提比例是否较原先的估计发生较大变化。如发生较大变化，会计主管朱一媛应编写会计估计变更建议，经财务经理董长华复核后报董事会批准。

恒顺公司坏账准备由系统自动计算生成，对于需要计提特别坏账准备以及拟核销的坏账，由业务员邱慧荣填写连续编号的坏账变更申请表，并附顾客破产等相关资料，经销售经理肖勤喜审批后，金额在10万元以下的，由财务经理董长华审批；金额在10万元以上的，由总经理林俊青审批。

应收账款记账员刘美琪根据经适当批准的更改申请表进行账务处理。

（3）记录税金

报关部单证员胡荣华负责收集出口销售的相关单据，每月月末汇总交由财务部办税员吴欣欣复核，前往主管税务部门办理出口退税手续。办税员吴欣欣还负责编制国内销售部分的增值税纳税申报表。每月将增值税纳税申报表和由税务部门盖章确认的出口退税汇算清缴明细表交由财务经理董长华，无误后签字确认。如发现任何异常情况，将进一步调查处理。

实际收到税务部门的退税款时，由会计主管朱一媛将实际收到的退税款与退税申报表数字进行核对，并由财务经理董长华复核，无误后在凭证上签字作为复核证据。

（4）收款

信用证到期或收到顾客已付款通知，由出纳员陈新贤前往银行办理托收。

款项收妥后，应收账款记账员刘美琪将编制收款凭证，并附相关单证，如银行结汇单、银行到款通知单等，提交会计主管朱一媛复核审批。

在完成对收款凭证及相关单证的复核后，会计主管朱一媛在收款凭证上签字，作为复核证据，并在所有单证上加盖“核销”印戳。

出纳员陈新贤根据复核无误的收款凭证及时登记银行存款日记账。

（5）维护顾客档案

如需对用友系统内的顾客信息作出修改，业务员邱慧荣填写更改申请表，经销售经理肖勤喜审批后交信息管理员马天龙负责对更改申请表预先连续编配号码并在系统内进行更改。

信息管理部执行更改程序。信息管理员马天龙每月复核顾客档案。对两年内未与恒顺公司发生业务往来的顾客，通知业务员邱慧荣并由其填写更改申请表，经销售经理肖勤喜审批后交信息管理部删除该顾客档案。

每月月末，信息管理员马天龙编制月度顾客信息更改报告，附更改申请表的编号记录交由财务经理董长华复核。

财务经理董长华核对月度顾客更改信息报告、检查实际更改情况和更改申请表是否一致、所有变更是否得到适当审批以及编号记录表是否正确，在月度顾客信息更改报告和编号记录表上签字作为复核的证据。如发现任何异常情况，将进一步调查处理。

应收账款记账员刘美琪每月复核顾客档案的准确性和真实性。

每半年，销售经理肖勤喜复核一次顾客档案。

注册会计师章永华、王建军在测试后认为：恒顺公司的内部控制在控制活动对实现控制目标是有效的、控制活动也得到了较好的执行且该控制活动运行均具有效性，并由王建军编制了“销售与收款循环控制执行情况的评价结果”审计工作底稿。

2018年3月8日该审计项目组组长陈清平对该工作底稿进行了审核。

四、实训方式

本实训采取单人手工实训的方式。

五、实训步骤

1.熟悉实训资料和审计工作底稿；

2.根据资料，将实训资料中的内容，填写到审计工作底稿中；

3.教师讲评；

4.撰写个人实训总结。

六、实训工具

审计工作底稿“销售与收款循环控制执行情况的评价结果”电子稿或纸质稿（见表2-2）。

七、能力进阶

请根据审计工作底稿“销售与收款循环控制执行情况的评价结果”中的结果，初步判断一下，该公司销售与收款循环内部控制是否执行有效？

表 2-2

销售与收款循环控制执行情况的评价结果

被审计单位：______	索引号：______
项目：风险评估	财务报表截止日/期间：______
编制：______	复　核：______
日期：______	日　期：______

主要业务活动	控制目标	受影响的相关交易和账户余额及其认定	被审计单位的控制活动	控制活动对实现控制目标是否有效（是/否）	控制活动是否得到执行（是/否）	是否测试该控制活动运行有效性（是/否）
销售	仅接受在信用额度内的订单	应收账款：计价和分摊	如果是新顾客，销售经理　　将对其进行客户背景调查，获取包括信用评审机构对顾客信用等级的评定报告等，填写“新顾客基本情况表”，并附相关资料交至信用管理经理　　审批。信用管理经理　　将在“新顾客基本情况表”上签字注明是否同意赊销。通常情况下，给予新客户的信用额度不超过人民币　　元；若高于该标准，应经总经理　　审批			
			如果是现有顾客，业务员　　将订单金额与该顾客已被授权的信用额度以及至今尚欠的账款余额进行检查，经销售经理　　审批后，交至副总经理　　复核。如果是超过信用额度的采购订单，应由总经理　　审批			
	管理层核准销售订单的价格、条件	应收账款：存在	对于新顾客的初次订单，不允许超过经审批的信用额度。如新顾客能够及时支付货款，信用良好，则可视同“现有顾客”进行交易			
		主营业务收入：发生	收到现有顾客的采购订单后，业务员　　将订单金额与该顾客已被授权的信用额度以及至今尚欠的账款余额进行检查，经销售经理　　审批后，交至副总经理　　复核。如果是超过信用额度的采购订单，应由总经理　　审批			
	已记录的销售订单的内容准确	应收账款：计价和分摊	信息管理员　　负责将顾客采购订单和销售合同信息输入用友系统，由系统自动生成连续编号的销售订单（此时系统显示为“待处理”状态）。每周，信息管理员　　核对本周内生成的销售订单，对任何不连续编号的情况将进行检查			
		主营业务收入：准确性、分类	每周，应收账款记账员　　汇总本周内所有签订的销售合同，并与销售订单核对，编制销售信息报告。如有不符，应收账款记账员　　将通知信息管理员　　，与其共同调查该事项			

续表

主要业务活动	控制目标	受影响的相关交易和账户余额及其认定	被审计单位的控制活动	控制活动对实现控制目标是否有效（是/否）	控制活动是否得到执行（是/否）	是否测试该控制活动运行有效性（是/否）
销售	销售订单均已得到处理	应收账款：完整性 主营业务收入：完整性	信息管理员　　负责将顾客采购订单和销售合同信息输入用友系统，由系统自动生成连续编号的销售订单（此时系统显示为“待处理”状态）。每周，信息管理员　　核对本周内生成的销售订单，对任何不连续编号的情况将进行检查			
记录应收账款	已记录的销售均确已发出货物	应收账款：存在、权利和义务	船运公司在货船离岸后，开出货运提单，通知公司货物离岸时间 信息管理员　　将商品离岸信息输入系统，系统内的销售订单状态由“已完工”自动更改为“已离岸”			
		主营业务收入：发生	应收账款记账员　　根据系统显示的“已离岸”销售订单信息，将销售发票所载信息和报关单、货运提单等进行核对。如所有单证核对一致，会计主管　　在发票上加盖“相符”印戳，交应收账款记账员　　将有关信息输入系统，此时系统内的采购订单状态即由“已离岸”自动更改为“已处理”			
	已记录的销售交易计价准确	应收账款：计价和分摊 主营业务收入：准确性、分类	月末，会计主管　　编制应收账款账龄报告，其内容还应包括应收账款总额与应收账款明细账合计数以及应收账款明细账与顾客对账单的核对情况。如有差异，会计主管将立即进行调查			
	与销售货物相关的权利均已记录至应收账款	应收账款：完整性	信息管理员　　根据系统显示的“已完工”销售订单信息和销售合同约定的交货日期，开具连续编号的销售发票（出口发票为一式六联发票），交销售经理　　审核，发票存根联由销售部留存，其他联次分别用于报关、出口押汇、税务核销、外汇核销以及财务记账等			
		主营业务收入：完整性	应收账款记账员　　根据系统显示的“已离岸”销售订单信息，将销售发票所载信息和报关单、货运提单等进行核对。如所有单证核对一致，会计主管　　在发票上加盖“相符”印戳，应收账款记账员　　据此确认销售收入实现，并将有关信息输入系统，此时系统内的采购订单状态即由“已离岸”自动更改为“已处理”			
	销售货物交易均已于适当期间进行记录	应收账款：存在、完整性 主营业务收入：截止	如果期末存在商品已经发出尚未离岸，则应收账款记账员　　根据货运提单等单证记录应收账款，并于下月初冲回，当系统显示“已离岸”销售订单信息时，记录销售收入实现			

续表

主要业务活动	控制目标	受影响的相关交易和账户余额及其认定	被审计单位的控制活动	控制活动对实现控制目标是否有效（是/否）	控制活动是否得到执行（是/否）	是否测试该控制活动运行有效性（是/否）
记录应收账款	已记录的销售退回、折扣与折让均为真实发生的	应收账款：完整性 主营业务收入：完整性	公司销售业务系以　　销售为主，与顾客签订的销售合同中不允许退货，若发生质量纠纷，应采取索赔方式，根据双方确定的金额调整应收账款。业务员　　接到顾客的索赔传真件等资料后，编制连续编号的顾客索赔处理表，交至生产部门和技术部门，由生产经理　　技术经理　　确定是否确属产品质量问题，并签字确认。如确属公司的责任，应收账款记账员　　在顾客索赔处理表注明货款结算情况。对于索赔金额不超过人民币　　元的，由销售经理　　批准，如超过该标准，应经总经理　　审批			
	已发生的销售退回、折扣与折让均确已记录	应收账款：存在 主营业务收入：发生	月末，会计主管　　编制应收账款账龄报告，其内容还应包括应收账款总额与应收账款明细账合计数以及应收账款明细账与顾客对账单的核对情况。如有差异，会计主管　　将立即进行调查			
	已发生的销售退回、折扣与折让均于恰当期间进行记录	主营业务收入：截止	应收账款记账员　　编制应收账款调整分录，后附经适当审批的顾客索赔处理表，交会计主管　　复核后进行账务处理			
	已发生的销售退回、折扣与折让均确已准确记录	应收账款：计价和分摊 主营业务收入：准确性、分类	业务员　　接到顾客的索赔传真件等资料后，编制连续编号的顾客索赔处理表，交至生产部门和技术部门，由生产经理　　技术经理　　确定是否确属产品质量问题，并签字确认。如确属　　公司的责任，应收账款记账员　　在顾客索赔处理表注明货款结算情况。对于索赔金额不超过人民币　　元的，由销售经理　　批准，如超过该标准，应经总经理　　审批			
	已记录的销售退回、折扣与折让均为真实发生的	应收账款：完整性 主营业务收入：完整性	公司销售业务系以　　销售为主，与顾客签订的销售合同中不允许退货，若发生质量纠纷，应采取索赔方式，根据双方确定的金额调整应收账款。业务员　　接到顾客的索赔传真件等资料后，编制连续编号的顾客索赔处理表，交至生产部门和技术部门，由生产经理　　技术经理　　确定是否确属产品质量问题，并签字确认。如确属公司的责任，应收账款记账员　　在顾客索赔处理表注明货款结算情况。对于索赔金额不超过人民币　　元的，由销售经理　　批准，如超过该标准，应经总经理　　审批			

续表

主要业务活动	控制目标	受影响的相关交易和账户余额及其认定	被审计单位的控制活动	控制活动对实现控制目标是否有效（是/否）	控制活动是否得到执行（是/否）	是否测试该控制活动运行有效性（是/否）
记录应收账款	准确计提坏账准备和核销坏账，并记录于恰当期间	应收账款：存在、完整性、权利和义务	公司董事会制订并批准了应收账款坏账准备计提方法和计提比例的会计估计 每年年末，销售经理　　根据以往的经验、债务单位的实际财务状况和现金流量的情况，以及其他相关信息，编写应收账款可收回性分析报告，交财务部复核			
		坏账准备：计价和分摊、完整性、存在	会计主管　　根据应收账款可收回性分析报告，分析坏账准备的计提比例是否较原先的估计发生较大变化。如发生较大变化，会计主管　　编写会计估计变更建议，经财务经理　　复核后报董事会批准			
	准确计提坏账准备和核销坏账，并记录于恰当期间	坏账准备：计价和分摊、完整性、存在	公司坏账准备由系统自动计算生成，对于需要计提特别坏账准备以及拟核销的坏账，由业务员　　填写连续编号的坏账变更申请表，并附顾客破产等相关资料，经销售经理　　审批后，金额在　　元以下的，由财务经理　　审批，金额在　　元以上的，由总经理　　审批。应收账款记账员　　根据经适当批准的更改申请表进行账务处理			
收款	收款是真实发生的	应收账款：完整性、权利和义务	信用证到期或收到顾客已付款通知，由出纳员　　前往银行办理托收。款项收妥后，应收账款记账员　　将编制收款凭证，并附相关单证，如银行结汇单、银行到款通知单等，提交会计主管　　复核。在完成对收款凭证及相关单证的复核后，会计主管　　在收款凭证上签字作为审批证据，并在所有单证上加盖“核销”印戳			
	准确记录收款	应收账款：计价和分摊	应收账款记账员　　将编制收款凭证，并附相关单证，如银行结汇水单、银行到款通知单等，提交会计主管　　复核。在完成对收款凭证及相关单证的复核后，会计主管　　在收款凭证上签字，作为复核证据，并在所有支持文件上加盖“核销”印戳 出纳员　　根据经复核无误的收款凭证及时登记现金和银行存款日记账			
	收款均已记录	应收账款：完整性	每月月末，由会计主管指定出纳员　　以外的人员核对银行存款日记账和银行对账单，编制银行存款余额调节表，并提交给财务经理　　复核，财务经理　　在银行存款余额调节表中签字作为其复核的证据			
	收款均已于恰当期间进行记录	应收账款：存在、完整性	每月月末，由会计主管指定出纳员　　以外的人员核对银行存款日记账和银行对账单，编制银行存款余额调节表，并提交给财务经理　　复核，财务经理　　在银行存款余额调节表中签字作为其复核的证据			
	监督应收账款及时收回	应收账款：权利和义务	月末，会计主管　　编制应收账款账龄报告			

续表

主要业务活动	控制目标	受影响的相关交易和账户余额及其认定	被审计单位的控制活动	控制活动对实现控制目标是否有效（是/否）	控制活动是否得到执行（是/否）	是否测试该控制活动运行有效性（是/否）
维护顾客档案	对顾客档案变更均为真实有效的	应收账款：完整性、存在	信息管理员　　负责对更改申请表预先连续编配号码并在系统内进行更改			
		主营业务收入：完整性、发生	财务经理　　核对月度顾客更改信息报告、检查实际更改情况和更改申请表是否一致、所有变更是否得到适当审批以及编号记录表是否正确，在月度顾客信息更改报告和编号记录表上签字作为复核的证据。如发现任何异常情况，将进一步调查处理			
	对顾客档案变更均为准确的	应收账款：计价和分摊	如需对系统内的顾客信息作出修改，业务员　　填写更改申请表，经销售经理　　审批后交信息管理员　　负责对更改申请表预先连续编配号码并在系统内进行更改			
		主营业务收入：准确性、分类	财务经理　　核对月度顾客更改信息报告、检查实际更改情况和更改申请表是否一致、所有变更是否得到适当审批以及编号记录表是否正确，在月度顾客信息更改报告和编号记录表上签字作为复核的证据。如发现任何异常情况，将进一步调查处理 每半年，销售经理　　复核顾客档案			
	对顾客档案变更均已于适当期间进行处理	应收账款：权利和义务、存在、完整性	信息管理员　　负责对更改申请表预先连续编配号码并在系统内进行更改			
		主营业务收入：完整性、发生	财务经理　　核对月度顾客更改信息报告、检查实际更改情况和更改申请表是否一致、所有变更是否得到适当审批以及编号记录表是否正确，在月度顾客信息更改报告和编号记录表上签字作为复核的证据。如发现任何异常情况，将进一步调查处理			
	确保顾客档案数据及时更新	应收账款：权利和义务、存在、完整性	信息管理员　　每月复核顾客档案。对两年内未与公司发生业务往来的顾客，通知业务员　　由其填写更改申请表，经销售经理　　审批后交信息管理部删除该顾客档案			
		主营业务收入：完整性、发生	每半年，销售经理　　复核顾客档案			

实训2 营业收入实质性程序

实训导引

实质性程序是审计必须实施的程序，它是指注册会计师针对评估的重大错报风险实施的直接用以发现认定层次重大错报风险的审计程序。由于注册会计师对重大错报风险的评估是一种判断，可能无法充分识别所有的重大错报风险，并且内部控制存在固有局限性，无论评估的重大错报风险结果如何，注册会计师都应当针对所有的重大的各类交易和事项、账户余额、列报实施实质性程序。

你需要关注的问题

1. 实质性程序包括哪两个程序？各自的作用是什么？

2. 注册会计师实施的实质性程序，应当包括哪些与财务报表编制完成阶段相关的审计程序？

3. 销售与收款循环审计涉及哪些交易和事项、账户余额、列报？

4. 销售与收款循环实质性程序的具体内容包括哪些？

实训内容

一、实训目的

通过本实训你应该能够：

1. 在明确审计目标要求的前提下，结合企业销售业务特点，按审计程序要求执行实质性程序。

2. 熟悉营业收入实质性程序的基本工作内容、方法、要点。

3. 掌握营业收入审计工作底稿的基本编制方法。

4. 掌握营业收入审计差错的调整方法和技巧。

二、实训任务

1. 仔细阅读实训资料，运用所学知识分析被审计单位的业务处理是否正确；如果不正确，请作出正确的审计处理，并填写“记账凭证测试通用底稿”。

2. 根据审计处理结果，填写“营业收入审定表”工作底稿。

三、实训资料

大连恒顺环保设备股份有限公司为一家机械制造公司，注册会计师章永华、王建军于2018年3月8日在审计该公司2017年度主营业务收入时发现下列凭证（见表2-3至表2-6），记录了该公司一笔销售业务。注册会计师未发现其他销售业务存在问题。

表 2-3

记账凭证

2017 年 12 月 31 日 银付字第 2 号

摘 要	会计科目		借方金额										贷方金额										记账√
	总账科目	明细账科目	千	百	十	万	千	百	十	元	角	分	千	百	十	万	千	百	十	元	角	分	
销售商品及代垫运杂费	应收账款	黄海机电公司		1	8	5	5	6	6	8	0	0											
	主营业务收入	除气机												1	1	3	4	0	0	0	0	0	
		过滤机													4	5	0	0	0	0	0	0	
	应交税费	应交增值税（销项税额）													2	6	9	2	8	0	0	0	
	银行存款	中国银行															2	3	8	8	0	0	
附件 3 张	合 计		¥	1	8	5	5	6	6	8	0	0	¥	1	8	5	5	6	6	8	0	0	

会计主管：朱一媛 记账：刘美琪 出纳：陈新贤 审核：付梅 制证：陈新贤

表 2-4

大连增值税普通发票

（全国统一发票监制章 大连 国家税务总局监制）

№ 80021001

340002115 开票日期：2017 年 12 月 30 日

国税函【2011】1005 浙江省美森印务有限公司

购买方	名 称：黄海机电公司 纳税人识别号：441858430103232 地 址、电 话：杭州站前路 350 号 0571－8847392 开户行及账号：建行站前办 8450010012667				密码区	3/1＜＋＜＜389780 － 889a*024－88908＋＜－5064788972＜0*78863－873－＋223－－213210230011120－5－1＜36＞＞3+66554453＞＞3＞	
货物或应税劳务、服务名称	规格型号	单位	数量	单 价	金 额	税率	税 额
除气机 过滤袋		台 个	7 5 000	162 000.00 90.00	1 134 000.00 450 000.00	17% 17%	192 780.00 76 500.00
合 计					¥1 584 000.00		¥269 280.00
价税合计（大写）	⊗壹佰捌拾伍万叁仟贰佰捌拾元整				（小写）¥1 853 280.00		
销售方	名 称：大连恒顺环保设备股份有限公司 纳税人识别号：530328292980300 地 址、电 话：大连市工业园区 2888 号 0411－81045083 开户行及账号：工商行大连支行高新分理处 8350010010012				备注		

（大连恒顺环保设备股份有限公司 530328292980300 发票专用章）

第一联：记账联 销售方记账凭证

收款人：陈新贤 复核：王君才 开票人：陈新贤 销售方：（章）

表 2-5

支票存根

中国银行

支票存根（辽）

I X Ⅱ 20106101

科 目

对方科目

出票日期：2017.12.30

收款人：	辽宁通达运输公司
金 额：	¥2 388.00
用 途：	代垫运杂费
备 注：	

单位主管： 会计：

复核： 记账：

㊞表 2-6

托收承付凭证（回单）

第 3 号

委托日期：2018 年 1 月 3 日　　托收号码：3782

付款人	全　称	黄海机电公司	收款人	全　称	大连恒顺环保设备股份有限公司
	账号或地址	8450010012667		账　号	8350010010012
	开户银行	建行站前办		开户银行	工商行大连支行高新分理处
人民币（大写）		壹佰捌拾伍万伍仟陆佰陆拾捌元整		千百十万千百十元角分	￥185566800
附　件		商品发运情况		全国名称号码	
附寄单证张数或册数 2		已发运　No.011089		101-1368	
备注		款项收妥日期		（收款人开户行盖章）	中国银行 2018.01.03 转讫
验单付款		年　月　日		年　月　日	

此联是收款人开户银行给收款人的回执

四、实训方式

本实训采取单人手工实训的方式。

五、实训步骤

1. 熟悉实训资料和审计工作底稿；
2. 根据资料，将实训资料中的内容，分析填写到审计工作底稿中；
3. 编写会计分录，调整审查发现的错误；
4. 教师讲评；
5. 撰写个人实训总结。

六、实训工具

审计工作底稿“记账凭证测试通用底稿”“营业收入审定表”电子稿或纸质稿，见表 2-7 和表 2-8。

七、能力进阶

1. 针对上述资料，你认为该项业务还涉及哪些审计工作底稿，如何填写？

2. 该项业务涉及的会计报表项目是什么，会计报表是否需要调整，如何调整？

3. 如果记账凭证的时间是 2018 年 1 月 3 日，托收承付的手续是 2017 年 12 月 31 日办妥的，该项业务是否就不存在问题？为什么？

销售收入舞弊的常见预警信号

表 2-7 记账凭证测试通用底稿

被审计单位名称： 索引号 页次 1/ 1

审计项目名称： 编制 日期 20 年 月 日

会计期间或截止日： 复核 日期 20 年 月 日

测试序号	日期	凭证号	内 容	金 额	与原始凭证是否相符	会计处理正确与否	所属时间无 误	备 注
1								
2								
3								
4								
5								
⋮								

说明：

1. 本表通用于项目的凭证测试和账务处理测试；
2. 对有关凭证测试和账务处理测试的核对内容，可视审计业务需要，适当增加和调整；
3. 凡用作有关项目的具体审计抽查记录时，必须按抽查要求，获取审计证据和计算、验证资料。

表 2-8 营业收入审定表

被审计单位：______ 索引号：______

项目：营业收入 财务报表截止日/期间：______

编制：______ 复核：______

日期：______ 日期：______

项目类别	本期未审数	账项调整		本期审定数	上期审定数	索引号
		借方	贷方			
一、主营业务收入						
除气机	14 974 460					
过滤袋	6 878 600					
石墨杆	6 352 600					
小计						
二、其他业务收入						
运输服务	630 456					
小计						
营业收入合计						

审计结论：

实训3 应收账款函证

实训导引

在应收账款审计中，为了证实应收账款账户余额的真实性、正确性，防止或发现被审计单位及其有关人员在销售交易中发生错误或舞弊行为，注册会计师往往采用函证的方式，通过直接来自第三方对有关信息和现存状况的声明，获取和评价审计证据。通过函证可以比较有效地证明被询证者（即债务人）的存在或被审计的记录的可靠性。

你需要关注的问题

1. 应收账款的审计必须进行函证吗？函证是否一定能够获取注册会计师想要的信息？

2. 为了有效地获取债务人债务信息，注册会计师应当做好哪些函证前的准备工作？

3. 被审计单位所有的欠款客户都需要函证吗？什么时间函证才能保证审计工作的需要？函证信如何写？如何交寄？

4. 债务人一定都会回函吗？不同的回函说明什么问题？

实训内容

一、实训目的

通过本实训你应该能够：

1. 在明确审计目标要求的前提下，进行应收账款函证对象、范围、时间和方式的选择；

2. 熟悉应收账款函证的基本工作内容、方法和要点；

3. 掌握积极式、消极式函证书写内容和方法；

4. 对函证回函情况进行基本分析。

二、实训任务

1. 根据实训资料进行函证对象、范围、方式、询证函格式等的选择。

2. 书写函证信、模拟公司在询证函上盖章、模拟注册会计师将盖好章的询证函装入写好地址的信封、将封好口的信件投入模拟的信箱。

3. 对函证回函结果进行分析，填写“应收账款函证结果汇总表”。

三、实训资料

注册会计师章永华、王建军于2018年2月10日在对大连恒顺环保设备股份有限公司（以下简称恒顺公司）2017年应收账款进行审计时了解到，应收账款部分明细账情况见表2-9。

表2-9　应收账款部分明细账情况

客户名称	年初余额（万元）	年末余额（万元）	账龄	本年度交易额（万元）
吉林长春公司	300	580	1个月	850
河北大华公司	120	240	3个月	500
浙江安达公司	180	180	27个月	0
江苏星河公司	0	300	3个月	300
山西恒通公司	90	100	1个月	200
辽宁鸿远公司	0	100	15天	100
四川鼎兴公司	50	0		130

恒顺公司本年销售总额为4 300万元。公司内部会计控制较为有效。

大连中正会计师事务所地址：辽宁省大连市沈阳区金灵街268号；联系电话：0411-87929917；传真：0411-87929709；联系人：王建军。

截至2018年3月5日函证回函有差异的情况如下：

1.山西恒通公司：函件所述金额中有50万元，已于2017年11月18日汇往贵公司账户。

2.辽宁鸿远公司：查无此单位，无法投递。

3.四川鼎兴公司：函证两次均未收到回函。

4.浙江安达公司：所欠款项为未解决的质量纠纷，有120万元产品存在质量问题。

各个公司联系方式见表2-10：

表2-10　各公司联系方式

客户名称	地址	联系人
吉林长春公司供应部	吉林省长春市高新技术开发区1290号	叶　丽
河北大华公司供应处	石家庄市高新技术开发区3462号	张东强
浙江安达公司供应部	浙江省宁波市经济开发区184号	刘达云
江苏星河公司供销部	江苏省徐州市彭城路4356号	李发财
辽宁鸿远公司供销科	辽宁省鞍山市铁西六道街363号	王爱青
四川鼎兴公司供应部	四川省成都市春熙路1057号	陈　欢
山西恒通公司供应部	山西省大同市迎宾西路167号	赵　军

注册会计师将营业收入的重要性水平定为销售总额的0.4%。

四、实训方式

本实训采用小组模拟情景实训方式。

五、实训步骤

1.熟悉实训资料和审计工作底稿；

2.根据资料，选择函证对象、方式；

3.模拟被审计单位和会计师事务所角色，撰写询证函、盖章和寄发询证函；

4.根据询证函回函情况，填写审计工作底稿“应收账款函证结果汇总表”；

5.教师讲评；

6.撰写个人实训总结。

六、实训工具

恒顺公司模拟印章、信封、模拟邮政信箱；应收账款积极式和消极式询证函电子稿或纸质稿以及应收账款函证结果汇总表，见表2-11至表2-14。

（一）积极式询证函（格式一）

表2-11　　积极式询证函（格式一）

索引号：

应收账款询证函

编号：

______公司：

本公司聘请的________会计师事务所正在对本公司________年度财务报表进行审计，按照中国注册会计师审计准则的要求，应当询证本公司与贵公司的往来账项等事项。下列信息出自本公司账簿记录，如与贵公司记录相符，请在本函下端“信息证明无误”处签章证明；如有不符，请在“信息不符”处列明不符项目。如存在与本公司有关的未列入本函的其他项目，也请在“信息不符”处列出这些项目的金额及详细资料。回函请直接寄至________会计师事务所。

回函地址：______________________邮编：________________

电话：____________传真：____________联系人：____________

1.本公司与贵公司的往来账项列示如下：

单位：元

截止日期	贵公司欠	欠贵公司	备　注

2.其他事项。

本函仅为复核账目之用，并非催款结算。若款项在上述日期之后已经付清，仍请及时函复为盼。

（被审计单位盖章）

20__年__月__日

结论：

1.信息证明无误。	**2.信息不符，请列明不符项目及具体内容。**
（被询证公司盖章） 年　　月　　日 经办人：	（被询证公司盖章） 年　　月　　日 经办人：

（二）积极式询证函（格式二）

表 2–12 积极式询证函（格式二）

索引号：

应收账款询证函

编号：

________公司：

本公司聘请的________会计师事务所正在对本公司________年度财务报表进行审计，按照中国注册会计师审计准则的要求，应当询证本公司与贵公司的往来账项等事项。请列示截至____年____月____日贵公司与本公司往来款项余额。回函请直接寄至________会计师事务所。

回函地址：________________________邮编：__________

电话：__________传真：__________联系人：__________

本函仅为复核账目之用，并非催款结算。若款项在上述日期之后已经付清，仍请及时函复为盼。

（被审计单位盖章）

20____年__月__日

1.贵公司与本公司的往来账项列示如下：

单位：元

截止日期	贵公司欠	欠贵公司	备　注

2.其他事项。

（被询证公司盖章）

20__年__月__日

经办人：

（三）消极式询证函

表 2–13 消极式询证函

索引号：

应收账款询证函

编号：

________公司：

本公司聘请的________会计师事务所正在对本公司____年度财务报表进行审计，按照中国注册会计师审计准则的要求，应当询证本公司与贵公司的往来账项等事项。下列信息出自本公司账簿记录，如与贵公司记录相符，则无需回复；如有不符，请直接回函寄至________会计师事务所，并在空白处列明贵公司认为正确的信息。

回函地址：________________________邮编：__________

电话：__________传真：__________联系人：__________

1.本公司与贵公司的往来账项列示如下：

单位：元

截止日期	贵公司欠	欠贵公司	备　注

2.其他事项。

本函仅为复核账目之用，并非催款结算。若款项在上述日期之后已经付清，仍请及时函复为盼。

（被审计单位盖章）

20____年__月__日

________会计师事务所：

上面的信息不正确，差异如下：

（被询证公司盖章）

20____年__月__日

经办人：

表 2-14 应收账款函证结果汇总表

被审计单位：	索引号：ZD4
项目：应收账款	财务报表截止日/期间：
编制：	复核：
日期：	日期：

一、应收账款函证情况列表

询证情况 / 单位名称	询证函编号	函证方式	函证情况		回函日期	账面金额	回函金额	调节后是否存在差异	调节表索引号
			第一次	第二次					

二、对误差的分析

项 目	金 额
1.已识别的误差	
2.推断出的总体误差（扣除已识别的误差）	

审计说明：

七、能力进阶

1.如果被询证对象不认真对待函证，函证的结果无法保证真实性，注册会计师应该如何获取应收账款真实性证据？

2.针对辽宁鸿远、四川鼎兴两家公司的情况，注册会计师应该如何处理？

实训4 坏账准备实质性程序

实训导引

根据稳健性原则，企业年末根据应收账款的余额、账龄或本期销售收入来分析确定本期应计提的坏账准备金额。恰当、正确的坏账计提方式和比例，有助于企业能够抵补以后无法收回的本期销货款。坏账准备作为利润的冲减项，其计提基数、比例、金额是否恰当与正确，对企业的净利润也将产生一定的影响。注册会计师往往通过“应收账款坏账准备计算表”来证实被审计单位坏账准备计提和披露的恰当性和正确性。

你需要关注的问题

1.《企业会计准则》《企业会计制度》对企业坏账准备计提和核算的方法有哪些规定？
2.坏账准备的计提需考虑哪些因素？
3.坏账准备多提、少提，对企业净利润产生哪些影响？

实训内容

一、实训目的

通过本实训你应该能够：
1.在明确审计目标的前提下，进行应收账款坏账准备的常规审计；
2.熟悉应收账款坏账准备审计的基本工作内容、方法和要点；
3.掌握“应收账款坏账准备计算表”内容和填写方法，并作出基本的问题分析。

二、实训任务

1.熟悉实训资料和审计工作底稿“应收账款坏账准备计算表”；
2.根据实训资料填写“应收账款坏账准备计算表”；
3.针对多提或少提的坏账准备，进行审计调整，写出调整分录。

三、实训资料

中正会计师事务所注册会计师章永华、王建军于2018年3月10日在对大连恒顺环保设备股份有限公司（以下简称恒顺公司）2017年应收账款和坏账准备进行审计时了解到如下情况：

（1）恒顺公司坏账准备本期期末账面金额为348万元。

（2）期末无单项金额重大且有客观证据表明发生了减值的应收款项。

（3）恒顺公司董事会决定的坏账计提比例分别为：1年以内（含1年）3%，1～2年（含2年）5%，2～3年（含3年）10%，3年以上20%。该公司年末应收款项余额情况为：1年以内（含1年）1 800万元，1～2年（含2年）780万元，2～3年（含3年）560万元，3年以上340万元。

（4）坏账准备上期审定数为289万元。

（5）坏账准备本期转出（核销）金额：永佳公司1.5万元；昌盛公司2.2万元。

四、实训方式

本实训采取单人手工实训方式。

五、实训步骤

1.熟悉实训资料和审计工作底稿；
2.根据资料，将实训资料中的内容，填写到审计工作底稿“应收账款坏账准备计算表”中；

3.教师讲评；

4.撰写个人实训总结。

美国HPL技术公司销售收入舞弊案例

六、实训工具

审计工作底稿“应收账款坏账准备计算表”电子稿或纸质稿，见表2-15。

表2-15　　应收账款坏账准备计算表

被审计单位：______	索引号：______
项目：应收账款	财务报表截止日/期间：______
编制：______	复核：______
日期：______	日期：______

计算过程					索引号
一、坏账准备本期期末应有金额①=②+③					①
1.期末单项金额重大且有客观证据表明发生了减值的应收款项对应坏账准备应有余额					
单位名称		金额			
合　计					②
2.期末单项金额非重大以及经单独测试后未减值的单项金额重大的应收款项对应坏账准备应有余额					
项　目	账龄	应收款项余额	坏账准备计提比例	坏账准备应有余额	
应收账款	1年以内（含1年）				
	1～2年（含2年）				
	2～3年（含3年）				
	3年以上				
	合　计				③
三、坏账准备上期审定数					④
四、坏账准备本期转出（核销）金额					
单位名称		金额			
合　计					⑤
五、计算坏账准备本期全部应计提金额					
⑥=①-④+⑤					⑥

审计说明：

七、能力进阶

1.假设恒顺公司应收账款坏账准备采用应收账款年末余额百分比法，计提比例为10%，则该公司应收账款坏账准备计提是否存在错误？如果存在如何进行审计调整？

2.从该公司应收账款账龄资料来看，你认为该公司应收账款管理方面是否存在问题，存在哪些问题？

3.结合实训资料，你认为注册会计师应该为该公司应收账款管理提出哪些建议？

项目能力训练

一、单项选择题（下列各题的备选答案中，只有一个是正确的，请将正确答案的字母填在括号内）

1.注册会计师对被审计单位销售与收款循环不相容职责的划分情况进行检查时，可实施的审计程序是（　　）。

A.观察信用部门与应收账款记账部门是否相互独立

B.询问是否按期编制并向客户寄出对账单

C.审查有关凭证上内部检查的标记，评价内部检查的有效性

D.检查坏账准备的计提比例是否合理

2.销售与收款循环主要凭证和记录按业务顺序依次是（　　）。

A.订货单、贷项通知单、库存现金日记账

B.发货单、销货合同、订货单

C.销货日记账、发票、贷项通知单、收款凭证

D.订货单、销货单、销货合同、发运单、发票

3.注册会计师根据主营业务收入明细账中的记录抽取部分销售发票，追查销货合同、发货单等资料，其目的是（　　）。

A.证实主营业务收入的完整性　　B.证实主营业务收入的总体合理性

C.证实主营业务收入的真实性　　D.证实主营业务收入的披露充分性

4.审查所有销售业务是否均已登记入账，最有效的程序是（　　）。

A.从销售单追查至销售收入明细账　　B.从货运文件追查至销售收入明细账

C.从销售单追查至货运文件　　D.从货运文件追查至销售发票

5.设计信用授权批准控制的目的是降低坏账风险，与（　　）认定有关。

A.应收账款净额的“计价和分摊”　　B.应收账款的“发生”

C.坏账准备的“准确性”　　D.应收账款的“完整性”

6.审查被审计单位坏账准备余额占应收账款余额的比例，并和以前期间的相关比例比较，其评价的目的主要是验证（　　）。

A.应收账款计提坏账准备的金额是否正确

B.应收账款计提坏账准备的合理性

C.应收账款期末余额是否正确

D.应收账款的可收回性

7.对销货业务进行的截止测试，其主要检查目的是（　　）。

A.年底应收账款的真实性　　B.是否存在过多的销货折扣

C.销货业务的入账时间是否正确　　D.销货退回是否已经核准

8.对于未予函证的应收账款，应当执行的最有效的审计程序是（　　）。

A.重新测试相关的内部控制制度　　B.审查与应收账款有关的销货凭证

C.进行分析程序　　D.审查资产负债表日后的收款情况

9.对于积极式函证而没有复函，应采用追查程序，如仍得不到答复应考虑（　　）。

A.扩大对其他应收账款的函证　　B.获取管理层的声明

C.按客户提供的地址直接询问　　D.检查销售合同、销售发票及发运凭证等

10.在确定函证对象时，应当进行函证的是（　　）。

A.函证很可能无效的应收款项

B.交易频繁但期末余额较小的应收款项

C.执行其他审计程序可以确认的应收款项

D.应收纳入审计范围内子公司的款项

二、多项选择题（下列各题的备选答案中，有两个或两个以上的答案是正确的，请将正确答案的字母填在括号内）

1.销售与收款循环涉及的资产负债表项目有（　　）。

A.应收账款　　B.营业收入　　C.应收票据　　D.应交税费

2.向客户开具销售发票这一业务活动能证明的销售业务认定有（　　）。

A.发生　　B.完整性　　C.计价与分摊　　D.权利与义务

3.销售业务循环中与销售业务“计价与分摊”认定有关的主要业务活动有（　　）。

A.接受客户订单　　B.批准赊销信用

C.向客户开具销售发票　　D.记录销售业务

4.销售与收款循环主要涉及的凭证有（　　）。

A.顾客订货单　　B.销售单　　C.顾客月末对账单　　D.贷项通知单

5.财政部发布的《企业内部控制应用指引第9号——销售业务》明确规定了销售与收款内部控制监督检查的主要内容，主要有（　　）。

A.销售与收款业务相关岗位及人员的设置情况。重点检查是否存在销售与收款业务不相容职务混岗的现象

B.销售与收款业务授权批准制度的执行情况。重点检查授权批准手续是否健全，是否存在越权审批行为

C.销售的管理情况。重点检查信用政策、销售政策的执行是否符合规定

D.销售退回的管理情况。重点检查销售退回手续是否齐全，退回货物是否及时入库

6.销售与收款循环涉及的凭证有（　　）。

A.装运单　　B.销售通知单

C.出库单（提货单）　　D.贷项通知单

7.与注销坏账有关的认定有（ ）。

A.发生 B.完整性 C.分类 D.计价和分摊

8.与主营业务收入确认有着密切关系的日期有（ ）。

A.登账日期 B.收款日期

C.记账日期 D.发货日期（或提供劳务的日期）

9.围绕三个重要日期，注册会计师实施营业收入的截止期测试的往往采用的三条审计路线有（ ）。

A.以账簿记录为起点 B.以出库日为起点

C.以销售发票为起点 D.以发运凭证为起点

10.主营业务收入审计的常用审计工作底稿有（ ）。

A.营业收入审定表 B.主营业务收入明细表

C.主营业务收入截止测试表 D.业务/产品销售分析表和月度毛利率表

三、判断题（正确的打“√”，错误的打“×”）

1.作为进一步审计程序的类型之一，控制测试并非在任何情况下都需要实施。（ ）

2.按销售单发货及装运与销售业务的“计价与分摊”认定相关。（ ）

3.企业在销售合同订立之前，专门人员应当就销售价格、信用政策、发货及收款方式等具体事项与客户进行谈判。谈判人员至少应有两人以上，并与订立合同的人员相分离。（ ）

4.由负责现金出纳和销售及应收账款记账的人员按月向顾客寄发对账单，能促使客户在发现应付账款余额不正确后及时反馈有关信息。（ ）

5.企业规定负责营业收入和应收账款记账的会计人员不得经手货币资金，也是防止舞弊的一项重要控制。（ ）

6.销售与收款循环的特性主要包括两个内容：一是本循环所涉及的主要凭证和会计记录；二是本循环中的主要业务活动。（ ）

7.注册会计师可通过填写函证结果汇总表的方式对询证函的收回情况加以控制。（ ）

8.收款交易的实质性程序的范围在一定程度上取决于关键控制是否存在。（ ）

9.应收账款函证的样本由注册会计师和客户共同商定，但正式的询证函则由客户签发。（ ）

10.三个与主营业务收入确认有着密切关系的日期是发票开具日期或者收款日期、记账日期、发货日期（服务业则是提供劳务的日期）。（ ）

项目三

采购与付款循环审计

实训1　采购与付款循环内部控制测试

实训导引

内部控制测试的核心工作是评价被审计单位的内部控制是否建立健全和运行有效。健全并执行有效的内部控制制度不仅在企业内部能够起到防范舞弊，提高管理水平与经济效益的作用，而且有利于注册会计师降低审计风险。

你需要关注的问题

1.采购与付款循环业务的特点是什么？相关的内部控制包括哪些内容？

2.采购与付款循环内部控制、销售与收款循环内部控制的异同点有哪些？

3.采购与付款循环内部控制测试的主要步骤有哪些？

实训内容

一、实训目的

通过本实训你应该能够：

1.在明确审计目标要求的前提下，结合采购与付款循环的业务特点，按审计程序要求执行控制测试。

2.熟悉采购与付款循环内部控制及其测试工作的内容、方法。

3.掌握采购与付款循环控制测试工作底稿的基本编制方法。

4.巩固内部控制测试审计工作底稿填制技巧。

二、实训任务

1.根据所给公司资料，填写审计工作底稿“采购与付款循环控制执行情况的评价结果”中“被审计单位的控制活动”一栏。

2.根据所给公司资料和“被审计单位的控制活动”栏目中情况，将测试结果分别填入“控制活动对实现控制目标是否有效（是/否）”“控制活动是否得到执行（是/否）”“是否测试该控制活动运行有效性（是/否）”三栏中。

三、实训资料

大连恒顺环保设备股份有限公司（以下简称恒顺公司）是一家生产和销售环保设备的大型制造企业，其现行的采购政策和程序业经董事会批准，如果需对该项政策和程序作出任何修改，均应经董事会批准后方能执行。本年度该项政策和程序没有发生变化。

恒顺公司生产所需的原材料主要包括钢铁、五金、石墨、涤纶布及包装材料。其中，约60%的大宗原材料是向六家经选择的国外供应商采购。通常情况下，恒顺公司与这些供应商签订为期一年的采购合同，并于每年年末续签下年度的合同。续签之前董事会审批重要合同条款，并授权由总经理签署合同。对其他材料和服务，恒顺公司均向国内供应商采购。

恒顺公司采用用友系统处理采购与付款交易，自动生成记账凭证和供应商清单，并过至应付账款明细账和总账。涉及的主要人员见表3-1。

表3-1　　采购与付款业务涉及的主要人员

职　务	姓　名	职　务	姓　名
总经理	林俊青	应付账款记账员	冯诗雨
副总经理	陆瑶瑶	采购经理	冯　枫
财务经理	董长华	采购业务员	李振华
会计主管	朱一媛	信息管理员	马天龙
出纳员	陈新贤	生产经理	张巨业

注册会计师章永华和王建军于2018年1月15日采用询问、观察和检查等方法，了解并记录了恒顺公司采购与付款循环的主要控制流程，并已与财务经理董长华、采购经理冯枫确认下列所述内容。

1.有关职责分工的政策和程序

恒顺公司建立了下列职责分工政策和程序：

（1）不相容职务相分离。主要包括：询价与确定供应商、采购合同的订立与审批、采购与验收、实物资产的保管与会计记录、付款审批与执行等职务相分离。

（2）各相关部门之间相互控制并在其授权范围内履行职责，同一部门或个人不得处理采购与付款业务的全过程。

2.主要业务活动介绍

（1）采购

①材料采购

生产部门填写请购单（一式三联），经生产经理张巨业签字审批。

采购部门收到请购单后，对金额在人民币10万元（含）以下的请购单由采购经理冯枫负责审批；金额在人民币10万元至人民币30万元（含）的请购单由副总经理陆瑶瑶负责审批；金额在人民币30万元至人民币50万元（含）的请购单需经总经理林俊青审批；金额超过人民币50万元的请购单需经董事会审批。

根据经恰当审批的请购单，信息管理员马天龙将有关信息输入用友系统，系统将自动生成连续编号的采购订单（此时系统显示为“待处理”状态）。每周，信息管理员马天龙核对本周内生成的采购订单，将请购单和采购订单存档管理，对任何不连续编号的情况将进行检查。

采购员李振华根据系统显示的“待处理”采购订单信息，安排供应商发货、开具采购发票以及仓储验收等事宜。

每周，财务部门应付账款记账员冯诗雨汇总本周内生成的所有采购订单并与请购单核对，编制采购信息报告。如采购订单与请购单核对相符，应付账款记账员冯诗雨即在采购信息报告上签字。如有不符，应付账款记账员冯诗雨将通知信息管理员马天龙，与其共同调查该事项。应付账款记账员冯诗雨还需在采购信息报告中注明不符事项及其调查结果。

恒顺公司未发生退货交易。

②费用支出

发生采购（管理）费用支出的部门填写费用申请单，其部门经理可以审批金额人民币5 000元（含）以下的费用；金额在人民币5 000元至人民币5万元（含）的费用由副总经理陆瑶瑶负责审批；金额在人民币5万元至人民币20万元（含）的费用需经总经理林俊青审批；金额超过人民币20万元的费用需经董事会审批。

（2）记录应付账款

①材料采购

收到采购发票后，应付账款记账员冯诗雨将发票所载信息和验收单、采购订单进行核对。如所有单据核对一致，应付账款记账员冯诗雨在发票上加盖“相符”印戳并将有关信息输入系统，此时系统自动生成记账凭证，并过至明细账和总账，采购订单的状态也由“待处理”自动更改为“已处理”。

每月终了，如果采购的材料已经运达恒顺公司，供应商已提供采购发票，但材料尚未验收入库，则应付账款记账员冯诗雨将采购发票单独存放，待下月收到验收单时再按上述流程输入系统。

②费用支出

发生采购或管理费用的部门收到费用发票后，其部门经理签字确认并交至应付账款记账员冯诗雨。

应付账款记账员冯诗雨对收到的费用发票、费用申请单和其他单据进行核对，核对内容包括有关单据是否经恰当人员审批，金额是否相符等。如所有单据核对一致，应付账款记账员冯诗雨在发票上加盖“相符”印戳并将有关信息输入系统，此时系统自动生成记账凭证，并过至明细账和总账。

每月终了，对已经发生尚未收到费用发票的支出，恒顺公司不进行账务处理。

③核对及差异处理

应付账款记账员冯诗雨如果发现任何差异，将立即通知采购经理冯枫或发生费用支出部门的经理，以实施进一步调查。如果采购经理冯枫或发生费用支出部门的经理认为该项差异可以合理解释，需在发票上签字并注明原因，特别批准授权应付账款记账员冯诗雨将该发票输入系统。

每月月末，应付账款记账员冯诗雨编制应付账款账龄分析报告，其内容还应包括应付账款总额与应付账款明细账合计数以及应付账款明细账与供应商对账单的核对情况。如有差异，应付账款记账员冯诗雨将立即进行调查，如调查结果表明需调整账务记录，应付账款记账员冯诗雨将编制应付账款调节表和调整建议，附同应付账款账龄分析报告一并交至会计主管朱一媛复核，经财务经理董长华批准后方可进行账务处理。

（3）付款

①材料采购

在采购合同约定的付款日期到期前（视付款期限而定），应付账款记账员冯诗雨编制付款凭证，并附相关单证，如采购订单、采购发票及验收单等，提交会计主管朱一媛审批。

②费用支出

申请付款时，费用支出部门需填写付款申请单，并经部门经理审批。

应付账款记账员冯诗雨收到经批准的付款申请单后，与应付账款明细账记录进行核对。如核对相符，应付账款记账员冯诗雨编制付款凭证，并附相关单证，如费用申请单、费用发票及付款申请单等，提交会计主管朱一媛审批。

在完成对付款凭证及相关单证的复核后，会计主管朱一媛在付款凭证上签字，作为复核证据，并在所有单证上加盖"核销"印戳。

出纳员陈新贤根据经复核无误的付款凭证办理付款，并及时登记库存现金和银行存款日记账。

每月月末，由会计主管朱一媛指定出纳员陈新贤以外的人员核对银行存款日记账和银行对账单，编制银行存款余额调节表，并提交给财务经理董长华复核，财务经理董长华在银行存款余额调节表中签字作为其复核的证据。

（4）维护供应商档案

如需要对系统内的供应商信息作出修改，采购员李振华填写更改申请表，经采购经理冯枫审批后，由信息管理员马天龙负责对更改申请表预先连续编配号码并在系统内进行更改。

信息管理员马天龙每月复核供应商档案。对两年内未与恒顺公司发生业务往来的供应商，采购员李振华填写更改申请表，经采购经理冯枫审批后交信息管理员马天龙删除该供应商档案。

每月月末，信息管理员马天龙编制月度供应商信息更改报告，附同更改申请表编号的记录交由财务经理董长华复核。

财务经理董长华核对月度供应商更改信息报告、检查实际更改情况和更改申请表是否一致，所有变更是否得到适当审批以及编号记录表是否正确，在月度供应商信息更改报告和编号记录表上签字作为复核的证据。如发现任何异常情况，将进一步调查处理。

每半年，采购经理冯枫复核供应商档案。

注册会计师姜爱军和田阳在测试后认为：恒顺公司的内部控制在控制活动对实现控制目标是有效的、控制活动也得到了较好的执行且该控制活动运行均具有效性。

2018年3月15日该审计项目组组长章永华对该工作底稿进行了审核。

四、实训方式

本实训采取单人手工实训的方式。

五、实训步骤

1.熟悉实训资料和审计工作底稿；

2.根据资料，将实训资料中的内容，填写到审计工作底稿"采购与付款循环控制执行情况的评价结果"中；

3.教师讲评；

4.撰写个人实训总结。

六、实训工具

审计工作底稿"采购与付款循环控制执行情况的评价结果"电子稿或纸质稿，见表3-2。

表 3-2

采购与付款循环控制执行情况的评价结果

被审计单位：　　　　　　索引号：BD

项目：风险评估　　　　　　财务报表截止日/期间：

编制：　　　　　　复核：

日期：　　　　　　日期：

主要业务活动	控制目标	受影响的相关交易和账户余额及其认定	被审计单位的控制活动	控制活动对实现控制目标是否有效（是/否）	控制活动是否得到执行（是/否）	是否测试该控制活动运行有效性（是/否）
采购	只有经过核准的采购订单才能发给供应商	应付账款：存在	采购部门收到请购单后，对金额在人民币　　元以下的请购单由采购经理　　负责审批；金额在人民币　　元至人民币　　元的请购单由副总经理　　审批；金额在人民币　　元至人民币　　元的请购单需经总经理　　审批；金额超过人民币　　元的请购单需经　　审批			
		管理费用、销售费用：发生	发生采购（管理）费用支出的部门填写费用申请单，其部门经理可以审批金额人民币　　元以下的费用；金额在人民币　　元至人民币　　元的费用由副总经理　　负责审批；金额在人民币　　元至人民币　　元的请购单需经总经理　　审批；金额超过人民币　　元的请购单需经　　审批			
	已记录的采购订单内容准确	应付账款：计价和分摊	采购信息管理员　　将有关信息输入　　系统，系统将自动生成连续编号的采购订单（此时系统显示为“待处理”状态）			
		管理费用、销售费用：准确性、分类	每周，财务部门应付账款记账员　　汇总本周内生成的所有采购订单并与请购单核对，编制采购信息报告。如采购订单与请购单核对相符，应付账款记账员　　即在采购信息报告上签字。如有不符，应付账款记账员　　将通知采购信息管理员　　，与其共同调查该事项。应付账款记账员　　还需在采购信息报告中注明不符事项及其调查结果			
	采购订单均已得到处理	应付账款：完整性	采购订单由　　系统按顺序的方式予以编号。每周应付账款记账员　　在编制采购信息报告时，采购信息管理员　　亦会核对这些采购订单，对任何不符合连续编号的情况将会进行调查			

续表

主要业务活动	控制目标	受影响的相关交易和账户余额及其认定	被审计单位的控制活动	控制活动对实现控制目标是否有效（是/否）	控制活动是否得到执行（是/否）	是否测试该控制活动运行有效性（是/否）
记录应付账款	已记录的采购均确已收到物品	应付账款：存在、权利和义务	收到采购发票后，应付账款记账员　　将发票所载信息和验收单、采购订单进行核对。如所有单据核对一致，应付账款记账员　　在发票上加盖“相符”印戳并将有关信息输入系统，此时系统自动生成记账凭证过至明细账和总账，采购订单的状态也由“待处理”自动更改为“已处理”			
			如发现任何差异，应付账款记账员　　将立即通知采购经理　　或发生费用支出部门的经理，以实施进一步调查。如果采购经理　　或发生费用支出部门的经理认为该项差异可以合理解释，需在发票上签字并注明原因，特别批准授权应付账款记账员　　将该发票输入系统			
	已记录的采购均确已接受劳务	应付账款：存在、权利和义务	发生采购（管理）费用的部门收到费用发票后，由其部门经理签字确认并交至应付账款记账员			
		管理费用、销售费用：发生	应付账款记账员　　对收到的费用发票、费用申请单和其他单据进行核对，核对内容包括有关单据是否经恰当人员审批，金额是否相符等。如所有单据核对一致，应付账款记账员　　在发票上加盖“相符”印戳并将有关信息输入系统，此时系统自动生成记账凭证过至明细账和总账			
	已记录的采购交易计价正确	应付账款：计价和分摊 管理费用、销售费用：准确性、分类	每月月末，应付账款记账员　　编制应付账款账龄分析报告，其内容还应包括应付账款总额与应付账款明细账合计数以及应付账款明细账与供应商对账单的核对情况。如有差异，应付账款记账员　　将立即进行调查，如调查结果表明需调整账务记录，应付账款记账员　　将编制应付账款调节表和调整建议，连同应付账款账龄分析报告一并交至会计主管　　复核，经财务经理　　批准后方可进行账务处理			
	与采购物品相关的义务均已记录至应付账款	应付账款、管理费用、销售费用：完整性	每月月末，应付账款记账员　　编制应付账款账龄分析报告，其内容还包括应付账款总额与应付账款明细账以及应付账款明细账与供应商对账单的核对情况。如有差异，应付账款记账员　　将立即进行调查，如调查结果表明需调整账务记录，应付账款记账员　　将编制应付账款调节表和调整建议，连同应付账款账龄分析报告一并交至会计主管　　复核，经财务经理　　批准后方可进行账务调整			
	与接受劳务相关的义务均已记录至应付账款	应付账款、管理费用、销售费用：完整性	每月月末，应付账款记账员　　编制应付账款账龄分析报告，其内容还包括应付账款总额与应付账款明细账以及应付账款明细账与供应商对账单的核对情况。如有差异，应付账款记账员　　将立即进行调查，如调查结果表明需调整账务记录，应付账款记账员　　将编制应付账款调节表和调整建议，连同应付账款账龄分析报告一并交至会计主管　　复核，经财务经理　　批准后方可进行账务调整			

续表

主要业务活动	控制目标	受影响的相关交易和账户余额及其认定	被审计单位的控制活动	控制活动对实现控制目标是否有效（是/否）	控制活动是否得到执行（是/否）	是否测试该控制活动运行有效性（是/否）
记录应付账款	采购物品交易均于适当期间进行记录	应付账款：完整性	每月月末，应付账款记账员　　编制应付账款账龄分析报告，其内容还包括应付账款总额与应付账款明细账以及应付账款明细账与供应商对账单的核对情况。如有差异，应付账款记账员　　将立即进行调查，如调查结果表明需调整账务记录，应付账款记账员将编制应付账款调节表和调整建议，连同应付账款账龄分析报告一并交至会计主管　　复核，经财务经理　　批准后方可进行账务调整			
	接受劳务交易均于适当期间进行记录	应付账款：存在、完整性 管理费用、销售费用：截止	每月终了，对已经发生尚未收到的费用发票的支出，恒顺公司不进行账务处理			
付款	仅对已记录的应付账款办理支付	应付账款：存在	应付账款记账员　　编制付款凭证，并附相关单证，如费用申请单、费用发票及付款申请单等，提交会计主管　　审批 在完成对付款凭证及相关单证的复核后，会计主管　　在付款凭证上签字，作为复核证据，并在所有单证上加盖“核销”印戳			
	准确记录付款	应付账款：计价和分摊	应付账款记账员　　编制付款凭证，并附相关单证，如费用申请单、费用发票及付款申请单等，提交会计主管　　审批 在完成对付款凭证及相关单证的复核后，会计主管　　在付款凭证上签字，作为复核证据，并在所有单证上加盖“核销”印戳			
	付款已记录	应付账款：存在	每月月末，由会计主管指定出纳员　　以外的人员核对银行存款日记账和银行对账单，编制银行存款余额调节表，并提交给财务经理　　复核，财务经理　　在银行存款余额调节表中签字作为其复核的证据			
	付款均于恰当期间进行记录	应付账款：完整性	每月月末，由会计主管指定出纳员　　以外的人员核对银行存款日记账和银行对账单，编制银行存款余额调节表，并提交给财务经理　　复核，财务经理　　在银行存款余额调节表中签字作为其复核的证据			
维护供应商档案	对供应商档案的变更均为真实有效的	应付账款： 存在、完整性 管理费用、销售费用：完整性、发生	如需要对系统内的供应商信息作出修改，采购员填写更改申请表，经采购经理　　审批后，由信息管理员　　负责对更改申请表预先连续编配号码并在系统内进行更改			

续表

主要业务活动	控制目标	受影响的相关交易和账户余额及其认定	被审计单位的控制活动	控制活动对实现控制目标是否有效（是/否）	控制活动是否得到执行（是/否）	是否测试该控制活动运行有效性（是/否）
维护供应商档案	供应商档案变更均已进行处理	应付账款：完整性	采购信息管理员　　负责对更改申请表预先连续编配号码			
		管理费用、销售费用：完整性	财务经理　　核对月度供应商更改信息报告、检查实际更改情况和更改申请表是否一致、所有变更是否得到适当审批以及编号记录表是否正确，在月度供应商信息更改报告和编号记录表上签字作为复核的证据。如发现任何异常情况，将进一步调查处理			
	对供应商档案变更均为准确的	应付账款：计价和分摊	如需要对系统内的供应商信息作出修改，采购员填写更改申请表，经采购经理　　审批后，由采购信息管理员　　负责对更改申请表预先连续编配号码并在系统内进行更改			
		管理费用、销售费用：准确性、分类	每月月末，采购信息管理员　　编制月度供应商信息更改报告，随同更改申请表的编号记录交由财务经理　　复核 财务经理　　核对月度供应商更改信息报告、检查实际更改情况和更改申请表是否一致、所有变更是否得到适当审批以及编号记录表是否正确，在月度供应商信息更改报告和编号记录表上签字作为复核的证据。如发现任何异常情况，将进一步调查处理			
	对供应商档案变更均已于适当期间进行处理	应付账款：权利和义务、存在、完整性	采购信息管理员　　负责对更改申请表预先连续编配号码			
		管理费用、销售费用：完整性、发生	财务经理　　核对月度供应商更改信息报告、检查实际更改情况和更改申请表是否一致、所有变更是否得到适当审批以及编号记录表是否正确，在月度供应商信息更改报告和编号记录表上签字作为复核的证据。如发现任何异常情况，将进一步调查处理			
	确保供应商档案数据及时更新	应付账款：权利和义务、存在、完整性	采购信息管理员　　每月复核供应商档案。对两年内未与本公司发生业务往来的供应商，采购员　　填写更改申请表，经采购经理　　审批后交信息管理部删除该供应商档案			
		管理费用、销售费用：完整性、发生	每半年，采购经理　　复核供应商档案			

七、能力进阶

注册会计师姜爱军和田阳通过询问、观察、检查及穿行测试等程序了解恒顺公司采购与付款循环内部控制后认为：恒顺公司除了下述存在的问题外，在其他方面执行了相关内部控制制度：

（1）2017年12月份未将应付账款明细账与供应商的对账单进行核对。

（2）公司的供应商南江公司已经三年未与恒顺公司发生交易，但仍在供应商档案中。

图片：固定资产审计

请问恒顺公司采购与付款循环内部控制是否执行有效？

实训2　固定资产内部控制测试

实训导引

固定资产是企业重要资产之一，其数额大、周转期限和回收期均较长，为了确保固定资产的安全、完整和会计记录的准确性，企业应建立健全固定资产内部控制制度。固定资产与商品存货同属一个交易循环，在内部控制和控制测试问题上固然有许多共性的地方，但固定资产还存在不少特殊性，注册会计师实施控制测试程序应予以关注。

你需要关注的问题

1.固定资产业务的特点是什么？相关的内部控制包括哪些内容？

2.固定资产内部控制制度与存货采购与付款内部控制制度的异同点有哪些？

3.固定资产内部控制测试的主要步骤有哪些？

实训内容

一、实训目的

通过本实训你应该能够：

1.在明确审计目标要求的前提下，结合固定资产业务特点，按审计程序要求执行控制测试。

2.熟悉和巩固固定资产内部控制及其测试工作的内容、方法。

3.掌握固定资产控制测试工作底稿的基本编制方法。

4.巩固内部控制测试审计工作底稿的填制技巧。

固定资产常见舞弊行为

二、实训任务

1.根据资料，填写审计工作底稿“控制测试汇总表”中“被审计单位的控制活动”一栏。

2.根据资料和“被审计单位的控制活动”栏目中情况，将测试结果分别填入“控制活动对实现控制目标是否有效（是/否）”“控制活动是否得到执行（是/否）”“是否测试该控制活动运行有效性（是/否）”“控制测试结果是否支持实施风险评估程序获取的审计证据（支持/不支持）”四栏中。

三、实训资料

大连恒顺环保设备股份有限公司（以下简称恒顺公司）现行与固定资产业务有关的政策和程序业经董事会批准，如需对该项政策和程序作出任何修改，均应经董事会批准后方能执行。本年度该项政策和程序没有发生变化。

恒顺公司的固定资产主要包括房屋及建筑物、生产设备、运输设备等，全部通过外购方式取得，没有自行建造的固定资产。

恒顺公司采用用友系统处理固定资产交易，自动生成记账凭证和固定资产清单，并过至固定资产明细账和总账。涉及的主要人员见表3-3。

表3-3 采购与付款业务涉及的主要人员

职务	姓名	职务	姓名
总经理	林俊青	应付账款记账员	冯诗雨
副总经理	陆瑶瑶	固定资产记账员	陈利浩
预算经理	马超均	基建采购经理	曹丽华
财务经理	董长华	采购业务员	常坤
会计主管	朱一媛	采购信息管理员	赵丽媛
出纳员	陈新贤	设备管理员	李国军

注册会计师章永华和王建军于2018年1月16日，采用询问、观察和检查等方法，了解并记录了恒顺公司固定资产采购与付款循环的主要控制流程，并已与财务经理董长华、预算经理马超均确认下列所述内容。

1.有关职责分工的政策和程序

恒顺公司建立了下列职责分工政策和程序：

（1）不相容职务相分离。主要包括：固定资产投资预算的编制与审批、采购合同的订立与审批、验收与款项支付、固定资产投保的申请与审批、保管与清查、处置申请与审批、付款审批与执行等职务相分离。

（2）各相关部门之间相互控制并在其授权范围内履行职责，同一部门或个人不得处理固定资产业务的全过程。

2.主要业务活动介绍

（1）固定资产投资预算管理与审批

恒顺公司建立了固定资产投资的预算管理制度。每年年末，各资产使用部门应编制部门固定资产购置计划，经部门经理复核并签字后上报至公司预算管理部门。

公司单位预算管理部门应对各部门上报的预算方案进行审查、汇总，将意见及时反馈给编制预算的部门。预算经理马超均复核汇总后的固定资产购置预算，并上报至总经理林俊青审批。

总经理林俊青负责召集技术和资产购置部门联合进行投资可行性论证，形成可行性报告并存档管理。金额在人民币30万元以内的固定资产投资预算由总经理林俊青批准，超过30万元的固定资产投资预算应由董事会批准。

经批准后的固定资产投资预算即时下发至各资产使用部门。

（2）购置

资产使用部门填写请购单（一式三联），经部门经理签字批准。附同经批准的固定资产投资预算交至采购部。

采购信息管理员赵丽媛将有关信息输入用友系统，系统将自动生成连续编号的采购订单（此时系统显示为“待处理”状态）。每月，采购信息管理员赵丽媛核对本月生成的采购订单，并将采购订单存档管理。

基建采购经理曹丽华根据系统显示的“待处理”采购订单信息，对金额在人民币10万元以下的请购，可不需进行采购招标而直接安排购置，但金额为人民币10万元至人民币30万元的请购，需由副总经理陆瑶瑶审批；金额为人民币30万元至50万元的请购由基建采购经理曹丽华组织技术部门、投资部门相关人员共同实施采购招标，并经总经理林俊青审批；金额超过人民币50万元的经董事会审批。

恒顺公司董事会对固定资产采购合同重要条款进行审批，并授权总经理签署合同。采购合同一式四份，且连续编号。

每月，财务部门应付账款记账员冯诗雨汇总本月生成的所有采购信息，并与请购单核对，编制采购信息报告。如核对相符，应付账款记账员冯诗雨即在采购信息报告上签字。如有不符，应付账款记账员冯诗雨将通知采购信息管理员赵丽媛，与其共同调查该事项。应付账款记账员冯诗雨还需在采购信息报告中注明不符事项及其调查结果。

发生可资本化的后续支出时，视同固定资产购置业务办理。

（3）确认、记录固定资产

资产使用部门对固定资产进行验收，办理验收手续，出具验收单，并与采购合同、发货单等凭据、资料进行核对。

收到固定资产发票后，应付账款记账员冯诗雨将发票所载信息和验收单、采购订单、采购合同等进行核对。如所有单证核对一致，应付账款记账员冯诗雨在发票上加盖“相符”印戳并将有关信息输入用友系统，此时系统自动生成记账凭证，并过至明细账和总账，采购订单的状态也由“待处理”自动更改为“已处理”。

如发现任何差异，应付账款记账员冯诗雨将立即通知基建采购经理曹丽华和资产使用部门经理，以实施进一步调查。如果基建采购经理曹丽华和资产使用部门经理认为该项差异可以合理解释，需在发票上注明其解释并特别批准授权将该发票输入用友系统。

固定资产记账员陈利浩根据系统显示的“已处理”信息，记录当月增加的固定资产，并自下月起计提折旧。每月月末，固定资产记账员陈利浩编制月度内固定资产增、减变动情况分析报告，交至会计主管朱一媛复核。

每月月末，应付账款记账员冯诗雨编制应付账款账龄分析报告，其内容还包括应付账款总额与应付账款明细账以及应付账款明细账与供应商对账单的核对情况。如有差异，应付账款记账员冯诗雨将立即进行调查，如调查结果表明需调整账务记录，应付账款记账员冯诗雨将编制应付账款调节表和调整建议，连同应付账款账龄分析报告一并交至会计主管朱一媛复核，经财务经理董长华批准后方可进行账务调整。

（4）固定资产折旧及减值

恒顺公司董事会制定并批准了固定资产折旧的会计政策和会计估计，规定固定资产按实际成本入账，对当月增加的固定资产，自下月起计提折旧，当月减少的固定资产，当月不再计提折旧。固定资产采用直线法计提折旧，年度终了，对固定资产使用寿命、预计净残值和折旧方法进行复核。

恒顺公司折旧费用由系统自动计算生成，固定资产记账员陈利浩在每月编制的月度内固定资产增、减变动情况分析报告中，对折旧费用的变动亦会作出分析。

年度终了，会计主管朱一媛会同技术部门和资产使用部门，对固定资产的使用寿命、预计净残值、折旧方法进行复核，并检查固定资产是否出现减值迹象。技术部门根据复核和检查结果，编写固定资产价值分析报告。

会计主管朱一媛根据固定资产价值分析报告，如果对固定资产的使用寿命、预计净残值预计数与原先估计数有较大差异的，或与固定资产有关经济利益预期实现方式有重大改变的，会计主管朱一媛应编写会计估计变更建议。

根据固定资产价值分析报告，如果出现固定资产减值迹象，会计主管朱一媛应对该固定资产进行减值测试，计算其可回收额，编制固定资产价值调整建议。

会计估计变更建议和固定资产价值调整建议经财务经理董长华复核后，报董事会审批。只有经董事会批准后方可进行账务处理。

（5）固定资产日常保管、处置及转移

恒顺公司以固定资产卡片的方式进行实物管理。

每季末，资产使用部门对固定资产进行盘点，由设备管理员李国军编写固定资产盘点明细表，固定资产记账员陈利浩对盘点结果进行复盘，发现如有差异经董事会审批后及时进行账务处理。对经营性租入的机器设备，也设置了备查登记簿由固定资产记账员陈利浩进行登记。对主要固定资产已进行了商业保险。

对固定资产的重大维修计划，列入年度预算，按固定资产购置程序处理。

对报废的固定资产，由资产使用部门填写固定资产报废单，交总经理林俊青审核，对金额超过人民币50万元的固定资产报废单，由董事会审批。固定资产记账员陈利浩根据经适当批准的固定资产报废单进行账务处理。

内部调拨固定资产时，由调入、调出部门共同填写固定资产内部调拨单，交固定资产记账员陈利浩进行账务处理。

注册会计师姜爱军和田阳通过询问、观察、检查及穿行测试等程序了解恒顺公司固定资产采购与付款内部控制后认为：恒顺公司固定资产内部控制制度设计健全、合理并得到了有效执行。除该公司在固定资产采购交易计价方面一直保持正确，未收集到该方面的审计证据外，控制测试的结果均支持实施风险评估程序获取的审计证据。

2018年3月12日该审计项目组组长章永华对该工作底稿进行了审核。

四、实训方式

本实训方式采取单人手工实训的方式。

五、实训步骤

1.熟悉实训资料和审计工作底稿；

2.根据资料，将实训资料中的内容，填写到审计工作底稿“控制测试汇总表”中；

3.教师讲评；

4.撰写个人实训总结。

六、实训工具

审计工作底稿“控制测试汇总表”电子稿或纸质稿，见表3-4。

表 3-4

控制测试汇总表

被审计单位：________	索引号：GZC-1
项目：控制测试	财务报表截止日/期间：________
编制：________	复核：________
日期：________	日期：________

1. 了解内部控制的初步结论

2. 控制测试结论

控制目标	被审计单位的控制活动	控制活动对实现控制目标是否有效（是/否）	控制活动是否得到执行（是/否）	控制活动是否有效运行（是/否）	控制测试结果是否支持实施风险评估程序获取的审计证据（支持/不支持）
只有经管理层核准的记录的固定资产投资预算才能执行	公司建立了固定资产投资的预算管理制度。每年年末，各资产使用部门应编制部门固定资产购置计划，经部门经理复核并签字后上报至公司预算管理部门。 预算管理部门应对各部门上报的预算方案进行审查、汇总，将意见及时反馈编制预算的部门。预算经理　　复核汇总后的固定资产购置预算，并上报至总经理　　审批。 总经理　　负责召集技术和资产购置部门联合进行投资可行性论证，形成可行性报告并存档管理。金额在人民币　　元以内的固定资产投资预算由总经理　　批准，超过　　元的固定资产投资预算应由董事会批准。 经批准后的固定资产投资预算即时下发至各资产使用部门				
只有经核准的采购合同才能执行	资产使用部门填写请购单（一式三联），经部门经理　　签字批准。附同经批准的固定资产投资预算交至采购部。 公司董事会对固定资产采购合同重要条款进行审批，并授权总经理　　签署合同。采购合同一式四份，且连续编号				

续表

控制目标	被审计单位的控制活动	控制活动对实现控制目标是否有效（是/否）	控制活动是否得到执行（是/否）	控制活动是否有效运行（是/否）	控制测试结果是否支持实施风险评估程序获取的审计证据（支持/不支持）
已记录的固定资产购置采购订单内容准确	每月，财务部门应付账款记账员　　汇总本月内生成的所有采购信息，并与请购单核对，编制采购信息报告。如核对相符，应付账款记账员　　即在采购信息报告上签字。如有不符，应付账款记账员　　将通知采购信息管理员　　，与其共同调查该事项。应付账款记账员　　还需在采购信息报告中注明不符事项及其调查结果				
所有的固定资产购置采购订单均已得到处理、得到记录	采购信息管理员　　将有关信息输入用友系统，系统将自动生成连续编号的采购订单（此时系统显示为“待处理”状态）。每月，采购信息管理员　　核对本月内生成采购订单，并将采购订单存档管理。 每月，财务部门应付账款记账员　　汇总本月内生成的所有采购信息，并与请购单核对，编制采购信息报告。如核对相符，应付账款记账员　　即在采购信息报告上签字。如有不符，应付账款记账员　　将通知采购信息管理员　　，与其共同调查该事项。应付账款记账员　　还需在采购信息报告中注明不符事项及其调查结果				
已记录的固定资产均确为公司购置的资产	公司董事会制定并批准了固定资产折旧的会计政策和会计估计，规定固定资产按实际成本入账，对当月增加的固定资产，自下月起计提折旧，当月减少的固定资产，当月不再计提折旧。 公司折旧费用由系统自动计算生成，固定资产记账员　　在每月编制的月度内固定资产增、减变动情况分析报告中，对折旧费用的变动也会作出分析。 每年终了，会计主管　　会同技术部门和资产使用部门，对固定资产的使用寿命、预计净残值、折旧方法进行复核，并检查固定资产是否出现减值迹象。技术部门根据复核和检查结果，编写固定资产价值分析报告				

续表

控制目标	被审计单位的控制活动	控制活动对实现控制目标是否有效（是/否）	控制活动是否得到执行（是/否）	控制活动是否有效运行（是/否）	控制测试结果是否支持实施风险评估程序获取的审计证据（支持/不支持）
已记录的固定资产均确为公司购置的资产	根据固定资产价值分析报告，如果出现固定资产减值迹象，会计主管　　应对该等固定资产进行减值测试，计算其可回收额，编制固定资产价值调整建议。 会计估计变更建议和固定资产价值调整建议经财务经理　　复核后，报董事会审批。只有经董事会批准后方可进行账务处理				
固定资产采购交易均确已记录	每季末，资产使用部门对固定资产进行盘点，由设备管理员　　编写固定资产盘点明细表，固定资产记账员　　对盘点结果进行复盘，发现差异及时处理如有差异经董事会审批后及时进行账务处理				
固定资产：计价和分摊	资产使用部门对固定资产进行验收，办理验收手续，出具验收单，并与采购合同、发货单等凭据、资料进行核对。 收到固定资产发票后，应付账款记账员　　将发票所载信息和验收单、采购订单、采购合同等进行核对。如所有单证核对一致，应付账款记账员　　在发票上加盖“相符”印戳并将有关信息输入用友系统，此时系统自动生成记账凭证过至明细账和总账，采购订单的状态也由“待处理”自动更改为“已处理”。 如发现任何差异，应付账款记账员　　将立即通知基建采购经理　　和资产使用部门经理，以实施进一步调查。如果基建采购经理　　和资产使用部门经理认为该项差异可以合理解释，需在发票上注明其解释并特别批准授权将该发票输入用友系统				

续表

控制目标	被审计单位的控制活动	控制活动对实现控制目标是否有效（是/否）	控制活动是否得到执行（是/否）	控制活动是否有效运行（是/否）	控制测试结果是否支持实施风险评估程序获取的审计证据（支持/不支持）
所有固定资产采购交易已于适当期间进行记录	每月月末，应付账款记账员　　编制应付账款账龄分析报告，其内容还包括应付账款总额与应付账款明细账以及应付账款明细账与供应商对账单的核对情况。如有差异，应付账款记账员　　将立即进行调查，如调查结果表明需调整账务记录，应付账款记账员　　将编制应付账款调节表和调整建议，连同应付账款账龄分析报告一并交至会计主管　　复核，经财务经理　　批准后方可进行账务调整。资产使用部门对固定资产进行验收，办理验收手续，出具验收单，并与采购合同、发货单等凭据、资料进行核对。 收到固定资产发票后，应付账款记账员　　将发票所载信息和验收单、采购订单、采购合同等进行核对。如所有单证核对一致，应付账款记账员　　在发票上加盖“相符”印戳并将有关信息输入用友系统，此时系统自动生成记账凭证过至明细账和总账，采购订单的状态也由“待处理”自动更改为“已处理”。 如发现任何差异，应付账款记账员　　将立即通知基建采购经理　　和资产使用部门经理，以实施进一步调查。如果基建采购经理　　和资产使用部门经理认为该项差异可以合理解释，需在发票上注明其解释并特别批准授权将该发票输入用友系统				
准确计提折旧费用、资产减值损失是准确的	公司董事会制定并批准了固定资产折旧的会计政策和会计估计，规定固定资产按实际成本入账，对当月增加的固定资产，自下月起计提折旧，当月减少的固定资产，当月不再计提折旧。 公司折旧费用由系统自动计算生成，固定资产记账员　　在每月编制的月度内固定资产增、减变动情况分析报告中，对折旧费用的变动也会作出分析。 会计估计变更建议和固定资产价值调整建议经财务经理　　复核后，报董事会审批。只有经董事会批准后方可进行账务处理				

续表

控制目标	被审计单位的控制活动	控制活动对实现控制目标是否有效（是/否）	控制活动是否得到执行（是/否）	控制活动是否有效运行（是/否）	控制测试结果是否支持实施风险评估程序获取的审计证据（支持/不支持）
折旧费用、资产减值损失已于适当期间进行记录	公司董事会制定并批准了固定资产折旧的会计政策和会计估计，规定固定资产按实际成本入账，对当月增加的固定资产，自下月起计提折旧，当月减少的固定资产，当月不再计提折旧。 公司折旧费用由系统自动计算生成，固定资产记账员　　在每月编制的月度内固定资产增、减变动情况分析报告中，对折旧费用的变动也会作出分析。 每年终了，会计主管　　会同技术部门和资产使用部门，对固定资产的使用寿命、预计净残值、折旧方法进行复核，并检查固定资产是否出现减值迹象。技术部门根据复核和检查结果，编写固定资产价值分析报告。 根据固定资产价值分析报告，如果出现固定资产减值迹象，会计主管　　应对该等固定资产进行减值测试，计算其可回收额，编制固定资产价值调整建议。 会计估计变更建议和固定资产价值调整建议经财务经理　　复核后，报董事会审批。只有经董事会批准后方可进行账务处理				
折旧费用、资产减值损失均进行记录	公司董事会制定并批准了固定资产折旧的会计政策和会计估计，规定固定资产按实际成本入账，对当月增加的固定资产，自下月起计提折旧，当月减少的固定资产，当月不再计提折旧。 公司折旧费用由系统自动计算生成，固定资产记账员　　在每月编制的月度内固定资产增、减变动情况分析报告中，对折旧费用的变动也会作出分析。 每年终了，会计主管　　会同技术部门和资产使用部门，对固定资产的使用寿命、预计净残值、折旧方法进行复核，并检查固定资产是否出现减值迹象。技术部门根据复核和检查结果，编写固定资产价值分析报告。 根据固定资产价值分析报告，如果出现固定资产减值迹象，会计主管　　应对该等固定资产进行减值测试，计算其可回收额，编制固定资产价值调整建议。 会计估计变更建议和固定资产价值调整建议经财务经理　　复核后，报董事会审批。只有经董事会批准后方可进行账务处理				

续表

控制目标	被审计单位的控制活动	控制活动对实现控制目标是否有效（是/否）	控制活动是否得到执行（是/否）	控制活动是否有效运行（是/否）	控制测试结果是否支持实施风险评估程序获取的审计证据（支持/不支持）
折旧费用、资产减值损失是真实的	公司董事会制定并批准了固定资产折旧的会计政策和会计估计，规定固定资产按实际成本入账，对当月增加的固定资产，自下月起计提折旧，当月减少的固定资产，当月不再计提折旧。 折旧费用由系统自动计算生成，固定资产记账员　　　在每月编制的月度内固定资产增、减变动情况分析报告中，对折旧费用的变动也会作出分析。 根据固定资产价值分析报告，如果出现固定资产减值迹象，会计主管　　　应对该等固定资产进行减值测试，计算其可回收额，编制固定资产价值调整建议。 会计估计变更建议和固定资产价值调整建议经财务经理　　　复核后，报董事会审批。只有经董事会批准后方可进行账务处理				
已充分保障固定资产的安全	每季末，资产使用部门对固定资产进行盘点，由设备管理员　　　编写固定资产盘点明细表，固定资产记账员　　　对盘点结果进行复盘，发现差异及时处理。对经营性租入的机器设备，也设置了备查登记簿由固定资产记账员　　　进行登记。 对主要固定资产已进行了商业保险				
已记录的固定资产处置及转移均为实际发生的	以固定资产卡片的方式进行实物管理。 每季末，资产使用部门对固定资产进行盘点，由设备管理员　　　编写固定资产盘点明细表，固定资产记账员　　　对盘点结果进行复盘，如有差异经董事会审批后及时进行账务处理。以固定资产卡片的方式进行实物管理。 每季末，资产使用部门对固定资产进行盘点，由设备管理员　　　编写固定资产盘点明细表，固定资产记账员　　　对盘点结果进行复盘，发现差异及时处理。对经营性租入的机器设备，也设置了备查登记簿由固定资产记账员　　　进行登记。对主要固定资产已进行了商业保险				

续表

控制目标	被审计单位的控制活动	控制活动对实现控制目标是否有效（是/否）	控制活动是否得到执行（是/否）	控制活动是否有效运行（是/否）	控制测试结果是否支持实施风险评估程序获取的审计证据（支持/不支持）
固定资产处置及转移均已记录，记录的固定资产处置代表实际的处置	对报废的固定资产，由资产使用部门填写固定资产报废单，交总经理　　审核，对金额超过人民币　　元的固定资产报废单，由董事会审批。固定资产记账员　　根据经适当批准的固定资产报废单进行账务处理。 内部调拨固定资产，由调入、调出部门共同填写固定资产内部调拨单，交固定资产记账员　　进行账务处理。每季末，资产使用部门对固定资产进行盘点，由设备管理员　　编写固定资产盘点明细表，固定资产记账员对盘点结果进行复盘，发现差异及时处理				
固定资产处置及转移均已准确记录	对报废的固定资产，由资产使用部门填写固定资产报废单，交总经理　　审核，对金额超过人民币　　元的固定资产报废单，由董事会审批。固定资产记账员　　根据经适当批准的固定资产报废单进行账务处理。 内部调拨固定资产，由调入、调出部门共同填写固定资产内部调拨单，交固定资产记账员　　进行账务处理				
固定资产处置均已于适当期间进行记录，固定资产处置已得到准确记录	每月月末，固定资产记账员　　编制月度内固定资产增、减变动情况分析报告，交至会计主管　　复核。固定资产记账员　　根据经适当批准的固定资产报废单进行账务处理				

七、能力进阶

注册会计师姜爱军和田阳在通过询问、观察、检查及穿行测试等程序了解恒顺公司固定资产内部控制后认为：恒顺公司除了下述存在的问题外，在其他方面执行了相关内部控制制度：

（1）2017年12月份未对2017年11月购入并投入使用的20台电脑计提折旧；

（2）2017年12月固定资产明细账中有一台2017年9月份报废的复印机，账面净值为300元，实物已于9月份卖给废品收购公司，废品收入200元已入账。

请问恒顺公司固定资产内部控制是否执行有效？

实训3　应付账款函证

实训导引

一般情况下，并不是必须函证应付账款，这是因为，函证并不能保证查出未记录的应付账款，况且注册会计师能够取得采购发票等外部凭证来证实应付账款的金额。但如果控制风险较高，某应付账款明细账户金额较大或被审计单位处于财务困难阶段，则应进行应付账款的函证。对重要的原料供应商和关联方账户余额应进行重点审查。

你需要关注的问题

1.应付账款函证与应收账款函证的区别是什么？

2.应付账款询证函一般采用什么格式？为什么？

实训内容

一、实训目的

通过本实训你应该能够：

1.在明确审计目标要求的前提下，进行应付账款函证对象、范围、时间和方式的选择。

2.熟悉应付账款函证的基本工作内容、方法和要点。

3.对函证回函情况进行基本分析。

4.巩固询证函操作技巧。

二、实训任务

1.根据实训资料进行函证对象、范围、方式、询证函格式等的选择。

2.书写应付账款函证信（信函收件地址自编）、加盖公司印章、交寄信函。

3.根据实训资料分析回函差异所在。

三、实训资料

2018年2月10日注册会计师田阳在对恒顺公司2017年12月31日的应付账款项目进行审计时，通过查阅恒顺公司2017年12月31日应付账款明细账得知，恒顺公司应付账款明细账户情况见表3-5（假设下列各应付账款的债权人均不是恒顺公司的关联企业）。

表3-5　恒顺公司应付账款明细账户情况　单位：元

明细账户	期初余额		本期发生额		期末余额	
	借方	贷方	借方	贷方	借方	贷方
力顿公司		2 005 000	2 400 000	1 955 000		1 560 000
雅达公司		2 009 000	5 000 000	3 901 000		910 000
绿野公司		1 600 000	1 880 000	3 552 000		3 272 000
远征公司		960 000	0	0		960 000
兴亚公司		868 000	5 450 000	3 662 000	920 000	
丰帆公司		120 000	120 000	200 000		200 000

截至3月10日，上述询证函回函情况如下：

1.力顿公司确认恒顺公司尚欠货款1 860 000元；

2.雅达公司确认恒顺公司欠款金额无误；

3.绿野公司确认恒顺公司尚欠货款3 572 000元；

4.远征公司回复欠款为产品质量争议尚未解决，责任不在远征公司方，应该是运输公司，但是运输公司不愿意承担责任，恒顺公司也拒绝付款；

5.兴亚公司回函声称尚未收到恒顺公司预付款；

6.丰帆公司查无此单位，无法投递。

注册会计师田阳针对上述1、3、5所述情况，与会计主管朱一媛进行了沟通，并查证了相应的银行转账记录，确认在被询证公司寄出回函时，恒顺公司支付给绿野公司的300 000元、预付给兴亚公司的预付款1 000 000元，均尚在途中。

四、实训方式

本实训采取单人手工实训方式。

五、实训步骤

1.熟悉实训资料和审计工作底稿；

2.根据资料，选择询证对象、方式，撰写询证函；

3.教师讲评；

4.撰写个人实训总结。

六、实训工具

审计工作底稿“询证函”电子稿或纸质稿，见表2-11和表2-12。

应付账款函证与应收账款函证的区别

七、能力进阶

如果函证对象中大多数没有回复询证函，注册会计师应该如何查证该公司应付账款的真实性和正确性？

实训4　固定资产与累计折旧实质性程序

实训导引

固定资产在企业资产中占较大比重，虽然固定资产的增减变动没有存货增减变动那么频繁，但是固定资产的增减变动在其存续期间，通过累计折旧对企业的利润产生持续影响。

你需要关注的问题

1.固定资产的价值由哪些因素决定？不同来源的固定资产，其初始成本计价方法一样吗？

2.固定资产折旧计提方式有几种？不同的折旧方法对利税产生什么样的影响？

3.固定资产计提折旧的范围和起始时间，对利税的影响又如何？

实训内容

一、实训目的

通过本实训你应该能够：

1.在明确审计目标要求的前提下，结合固定资产和折旧业务的特点，按审计程序要求执行固定资产和累计折旧实质性程序。

2.熟悉固定资产增减变动和累计折旧的实质性程序、工作内容和方法。

3.掌握固定资产和累计折旧审计工作底稿的编制方法。

4.掌握固定资产和累计折旧审计差错的调整方法和技巧。

二、实训任务

1.仔细阅读实训资料，运用所学知识分析被审计单位的业务处理是否正确；如果不正确，请作出正确的审计处理。

2.根据实训资料，按照审计程序填写“固定资产、累计折旧及减值准备明细表”“固定资产增加检查表”“固定资产减少检查表”“固定资产审定表”。

3.对发现的审计错误进行会计调整。

三、实训资料

中正会计师事务所注册会计师姜爱军于2018年3月12日对恒顺公司2017年固定资产、累计折旧进行了实质性测试：

1.索取固定资产及累计折旧明细表，复核加计是否正确，并与总账和明细账合计数核对

注册会计师姜爱军取得了全部固定资产的明细表，对其进行了复核，经查与明细账、

总账核对一致，将期初余额与上年底稿中的审定数予以核对，证实公司已按上年审计要求予以调整，年初数核对一致。

2.检查本期固定资产的增加

姜爱军通过审查发现该公司2017年有下列固定资产增加业务：

（1）3月14日转字86#记账凭证标明外包建造一幢办公楼，办理竣工决算达到了预定可使用状态，工程成本为100万元。

（2）6月16日转字42#记账凭证标明自营建造生产线一条，办理竣工决算达到了预定可使用状态，结转为固定资产，工程成本为180万元。

（3）6月20日转字108#记账凭证标明外包建造厂房一座，办理竣工决算达到了预定可使用状态结转固定资产，工程成本为98万元。

（4）7月12日银付10#记账凭证及相关原始凭证标明外购办公用打印传真复印一体机20台，每台原值0.35万元，增值税0.0595万元。

（5）9月26日银付124#记账凭证及相关原始凭证标明购入8吨解放牌汽车3辆，价款合计96万元，增值税16.32万元，当月投入使用。

（6）10月14日转字109#记账凭证标明改建石墨轮生产线工程完工，办理竣工决算达到了预定可使用状态，工程成本为68万元。

（7）12月30日银付243#凭证及相关原始凭证标明外购广州本田牌汽车2辆，价款合计50万元，增值税8.5万元。轿车用于公司行政办公使用。

姜爱军对上述增加的固定资产进行了详细检查、核对，发现以下问题：

（1）本年度新增的固定资产中，10月12日转字148#记账凭证标明改建工程完工，实属销售中心楼装修装潢的费用支出结转，计入了固定资产的价值（装修的间隔期为3年，当时确认的固定资产的折旧年限为3年）。

（2）自建工程办公用房所需工程款为专门为建造办公用房借入长期借款100万元，姜爱军检查了相关借款合同，该笔借款2016年2月1日借入，利率为8%，借款期限2年，到期还本付息。于2016年4月1日开始建造办公用房，当日以20万元预付了工程款。在检查相关凭证时发现：该工程资本化利息共计12万元，（已知企业该笔借款从借入至2017年4月1日发生存款利息收入1.5万元）相关借款利息2万元。

3.检查本期固定资产的减少

在审查减少的固定资产时，姜爱军首先审查了固定资产减少的相关批准文件，并核对了合同、收款单据等相关凭证。此外姜爱军还结合“固定资产清理”和“待处理财产损溢”科目查验了固定资产账面转销情况。发现该公司本期减少固定资产2项：

（1）报废2011年8月购入并投入使用的运输卡车1辆，原值 16万元，累计折旧14万元，公司对于这一报废卡车的处理为（单位：万元）：

①借：固定资产清理	2	
累计折旧	14	
贷：固定资产		16
②借：营业外支出	2	
贷：固定资产清理		2

（2）报废2015年12月购入并投入使用的办公设备一台，原值5万元，增值税0.85万

元，累计折旧1.8万元，公司对于这一办公设备报废的处理为：

①借：固定资产清理 3.2

累计折旧 1.8

贷：固定资产 5

②借：营业外支出——非常损失 3.2

贷：固定资产清理 3.2

随后，姜爱军又调阅了该公司该项固定资产卡片，发现该设备使用才2年，且无任何大修记录，同时询问了相关资产管理人员和财会人员，方知该设备并未报废，实为出售，但账上并无出售收入的处理。

4.检查固定资产的所有权或控制权

姜爱军审阅了被审计单位的产权证书、财产保险单、财产税单、抵押贷款的相关合同等合法文件。对于新增的固定资产，姜爱军索取了产权证书的副本，同时进一步审阅了相关合同、发票、付款凭证并与财税单核对。姜爱军在审计过程中未发现异常。

5.固定资产折旧审计

姜爱军在核对固定资产明细表后，首先，对折旧计提的总体合理性进行了复核。其次，计算了本期计提折旧额占固定资产原值的比率，并与上期比较，分析本期折旧计提额的合理性和准确性。此外，还计算了累计折旧占固定资产原值的比率，评估固定资产老化率，并估计因闲置、报废等原因可能发生的固定资产损失。在进行分析性复核后，姜爱军审查了折旧的计提和分配，并将“累计折旧”账户贷方的本期计提额与相应的成本费用中的折旧费明细账户的借方相比较，以查明折旧计提额是否已全部摊入了本期的成本或费用。最后，姜爱军对某些折旧的计算过程追查至固定资产登记卡，并且特别注意有无已经提足折旧而继续使用超提折旧的情况和在用固定资产不提折旧或少提折旧的情况。

在上述审计过程中，姜爱军发现以下问题：

（1）办公设备7～8月份的折旧额明显高于其他月份。结果查出公司所有的夏季使用的空调设备，只按实际使用月份（7～8月）提取折旧，其他月份未提。办公设备月折旧额为2万元。

（2）该公司按固定资产类别分类计提折旧，但未从其中扣除“已提足折旧继续使用固定资产”的价值，已提足折旧继续使用的固定资产的本期折旧额为21万元。

6.重点观察固定资产

一般来说，观察固定资产的实际存在主要是实地检查被审计单位年度内增加的主要固定资产，并不一定全面观察所有固定资产。观察范围的确定需要依赖于被审计单位内部控制的强弱、固定资产的重要性水平和注册会计师的经验。通过分析，姜爱军决定对期初存在的固定资产中的30%抽盘，而对当期新增加的固定资产进行百分之百盘点。

姜爱军以经过核对相符的固定资产明细账为起点，进行了实地追查，以证明会计记录中所列固定资产确实存在，了解其目前的使用状况，并注意观察固定资产的保养和使用情况，运行是否正常等。

在抽盘过程中，姜爱军发现该公司9月15日接受某公司捐赠的客货车2辆，价值95万元，增值税16.15万元，未进行账务处理。

在审计计划中确定的固定资产项目的重要性水平为50万元。恒顺公司所得税税率为25%，法定盈余公积计提比例为10%，任意盈余公积计提比例为5%。

固定资产折旧方法和影响折旧的因素

四、实训方式

本实训采取单人手工实训方式。

五、实训步骤

1.熟悉实训资料和审计工作底稿；

2.根据资料，将相关内容填写到审计工作底稿“固定资产、累计折旧及减值准备明细表”“固定资产增加检查表”“固定资产减少检查表”“固定资产审定表”中；

3.教师讲评；

4.撰写个人实训总结。

六、实训工具

审计工作底稿“固定资产、累计折旧及减值准备明细表”“固定资产增加检查表”“固定资产减少检查表”“固定资产审定表”电子稿或纸质稿，见表3-6至表3-9。

表3-6　　固定资产、累计折旧及减值准备明细表

被审计单位：________	索引号：________
项目：固定资产	财务报表截止日/期间：________
编制：________	复核：________
日期：________	日期：________

项目名称	期初余额	本期增加	本期减少	期末余额	备注
一、固定资产原价合计					
其中：房屋、建筑物	28 982 400	3 167 000	—		
办公设备	5 089 860	545 700	40 200		
其他设备	6 253 800	1 023 800	160 620		
二、累计折旧合计					
其中：房屋、建筑物	9 234 980	84 600	—		
办公设备	670 160	3 265	6 800		
其他设备	223 480	12 800	80 500		
三、减值准备合计					
其中：房屋、建筑物					
办公设备					
其他设备					
四、账面价值合计					
其中：房屋、建筑物					
办公设备					
其他设备					

编制说明：备注栏可填列固定资产的折旧方法、使用年限、剩余使用年限、残值率和年折旧率等情况。

审计说明：

表 3-7 固定资产增加检查表

被审计单位：	索引号：
项目：固定资产	财务报表截止日/期间：
编制：	复核：
日期：	日期：

固定资产名称	取得日期	取得方式	固定资产类别	增加情况		凭证号	核对内容（用"√""×"表示）						
				数量	原价		1	2	3	4	5	6	7

核对内容说明：1. 与发票是否一致；2. 与付款单据是否一致；3. 与购买/建造合同是否一致；4. 与验收报告或评估报告等是否一致；5. 审批手续是否齐全；6. 与在建工程转出数核对是否一致；7. 会计处理是否正确（入账日期和入账金额）

审计说明：

表 3-8 固定资产减少检查表

被审计单位：	索引号：
项目：固定资产	财务报表截止日/期间：
编制：	复核：
日期：	日期：

固定资产名称	取得日期	处置方式	处置日期	固定资产原价	累计折旧	减值准备	账面价值	处置收入	净损益	凭证号	核对内容（用"√""×"表示）				
											1	2	3	4	5

核对内容说明：1. 与收款单据是否一致；2. 与合同是否一致；3. 审批手续是否完整；4. 会计处理是否正确；5.…

审计说明：

表 3-9　固定资产审定表

被审计单位：________	索引号：________
项目：固定资产	财务报表截止日/期间：________
编制：________	复核：________
日期：________	日期：________

项目名称	期末未审数	账项调整		重分类调整		期末审定数	上期期末审定数
		借方	贷方	借方	贷方		
一、固定资产原价合计							
其中：房屋、建筑物							
办公设备							
其他设备							
二、累计折旧合计							
其中：房屋、建筑物							
办公设备							
其他设备							
三、减值准备合计							
其中：房屋、建筑物							
办公设备							
其他设备							
四、账面价值合计							
其中：房屋、建筑物							
办公设备							
其他设备							

审计结论：

提示："固定资产审定表"中，固定资产的"本年增加"和"本年减少"分别按本期固定资产实物的真实增加和减少的金额填列。

七、能力进阶

假若注册会计师姜爱军在审计中还发现：

1.3月14日转字86#记账凭证所标明的自建办公用房一栋，工程成本100万元，达到了预定可使用状态，办理竣工决算的时间实际为8月3日。

2.9月26日银付124#记账凭证及相关原始凭证标明购入卡车3辆，每辆30万元，增值税5.1万元，当月投入使用。卡车为产品运输所用，增值税计入卡车成本计提折旧。

3.12月30日银付243#凭证及相关原始凭标明外购轿车2辆，每辆20万元，增值税3.4万元。经查轿车所有权证，实际拥有人为董事长和总经理。

请问注册会计师姜爱军是否同意该公司的会计处理，应该如何处理？

实训5　管理费用实质性程序

实训导引

企业为组织和管理生产经营所发生的费用均归入管理费用加以核算。管理费用的构成比较复杂、内容丰富、涉及多个部门，是企业成本费用支出较为重要的内容，也是财务报表审计的重要内容。

你需要关注的问题

1.管理费用在企业成本费用中的地位、特点以及其所包含的内容。
2.管理费用与其他成本费用的区别与联系。
3.企业如何通过管理费用对企业利税进行调节？

实训内容

一、实训目的

通过本实训你应该能够：
1.在明确审计目标要求的前提下，进行管理费用实质性程序；
2.熟悉管理费用审计的基本工作内容、方法和要点；
3.发现和处理管理费用常见的舞弊行为。

二、实训任务

1.仔细阅读实训资料，指出存在的问题；
2.对发现的问题进行审计调整；
3.填写审计工作底稿“记账凭证测试通用底稿”“管理费用检查情况表”。

三、实训资料

2018年3月12日，注册会计师林涛在审计恒顺公司2017年管理费用时发现以下经济业务存在疑问：

（1）经济业务1见表3-10至表3-14。

表3-10

记账凭证

2017年10月14日　　银付字第8号

摘要	总账科目	明细账科目	借方金额	贷方金额	记账√
维修费	管理费用	其他	742735		
	应交税费	应交增值税（销项税额）	126265		
	银行存款			869000	
附件 4 张	合计		¥869000	¥869000	

会计主管：朱一媛　记账：吕俊　出纳：陈新贤　审核：付梅　制证：陈新贤

表3-11

现金支出凭单

2017年10月14日　　第10号

付给　一车间张鸣

修理电机　款

计人民币（大写）捌仟陆佰玖拾元整　¥8 690.00

现金付讫

收款人（盖章）张鸣

审批人：　主管会计：　记账员：　出纳员：陈新贤

表3-12

费用报销单

填报日期2017年10月14日

部门	一车间	姓名	张鸣
报销事由	修理电机		
报销单据 1 张　合计金额（大写）捌仟陆佰玖拾元整			¥ 8 690.00
单位主管	陆瑶瑶	部门主管	高健

会计主管：朱一媛　审核：　出纳：陈新贤　填报人：张鸣

（经注册会计师林涛进一步审查，一车间10月份所审查产品在2017年已全部入库售罄）

表 3-13

大连增值税专用发票

№ 80021001

（全国统一发票监制章 大连 国家税务总局监制）

发票联

1234876903　　　　开票日期：2017年10月12日

国税函【2011】1005浙江省美森印务有限公司

购买方	名　　称：大连恒顺环保设备股份有限公司 纳税人识别号：530328292980300 地 址、电 话：大连市工业园区2888号0411-81045083 开户行及账号：工商行大连支行高新分理处 8350010010012				密码区	3/1 < + < < 389780 − 889a*024−88908 + < −5064788972 < 0*78863−873 −+ 223−−213210230011120−7−1 < 36 > > 3+66554453 > > 3 >	
货物或应税劳务、服务名称	规格型号	单位	数量	单价	金额	税率	税额
电机修理		台	7		7 427.35	17%	1 262.65
合　　计					￥7 427.35		￥1 262.65
价税合计（大写）	⊗捌仟陆佰玖拾元整				（小写）￥8 690.00		
销售方	名　　称：大连洪达电机修理有限公司 纳税人识别号：530328694580312 地 址、电 话：大连市工业园区3021号0411-86549042 开户行及账号：工商行大连支行高新分理处 8350020430680				备注	（大连洪达电机修理有限公司 530328694580312 发票专用章）	

第三联：发票联　购买方记账凭证

收款人：陈新贤　　复核：王君才　　开票人：陈新贤　　销售方：（章）

表 3-14

支票存根

中国工商银行

支票存根

支票号码：00812228

科　　目

对方科目

出票日期：2017.10.13

收款人：	大连洪达电机修理有限公司
金　额：	￥8 690.00
用　途：	电机修理费
备　注：	

单位主管：　　会计：

复核：　　记账：

（2）经济业务2见表3-15至表3-18。

表 3-15

记账凭证

2017年12月8日　　　　银付字第11号

摘要	会计科目		借方金额										贷方金额										记账√
	总账科目	明细账科目	千	百	十	万	千	百	十	元	角	分	千	百	十	万	千	百	十	元	角	分	
支付原材料运杂费	管理费用	其他					1	4	5	3	0	0											
	应交税费	应交增值税（进项税额）						2	4	7	0	0											
	银行存款																1	7	0	0	0	0	
附件 3 张	合　计					￥	1	7	0	0	0	0				￥	1	7	0	0	0	0	

会计主管：朱一媛　　记账：吕俊　　出纳：陈新贤　　审核：付梅　　制证：陈新贤

表 3-16　　支票存根

中国工商银行
转账支票存根
支票号码：00812233
科　　目
对方科目
出票日期：2017.12.08
收款人：大连恒通物流公司
金　额：¥1 700.00
用　途：运杂费
备　注：
单位主管：　会计：
复核：　记账：

表 3-17　　中国工商银行辽宁分行　进账单（付账通知）　3

2017 年 12 月 8 日　　第　　号

汇款人	全　称	大连恒顺环保设备股份有限公司	收款人	全　称	大连恒通物流公司
	账　号	8350010010012		账　号	1702016304560
	开户银行	工商行大连支行高新分理处		开户银行	工商行新郑支行北关分理处
金额	人民币（大写）壹仟柒佰元整				¥ 1 7 0 0 0 0
票据种类	转账支票				
票据号码	1张				
单位主管　复核	会计　记账				出票人开户行盖章

中国工商银行 2017.12.08 转讫

表 3-18　　付款申请书

申请部门：财务部　　付款编号：131208

收款公司：大连恒通物流公司　　付款理由：代垫客户货物运杂费

开户银行：中国工商银行新郑支行北关分理处

银行账号：1702016304560

金　　额：¥1 700.00

大　　写：壹仟柒佰元整　　发票编号：

由有关负责部门填写

付款方式：	√ 1/转账　2/电汇　3/信汇　4/现金		
付款银行：	中国工商银行新郑支行北关分理处		
银行账号：	17020293062030		
付款金额：	¥1 700.00		
申 请 人：	王道宽	日期：2017.12.08	财务经办人：高玉才
部门主管：柴峰 日期：2017.12.08	财务经理：裴艳 日期：2017.12.08	总经理：于王 日期：2017.12.08	

（3）经济业务3见表3-19至表3-21。

表3-19

记账凭证

2017年12月28日　　　　转字第84号

摘要	会计科目		借方金额										贷方金额										记账
	总账科目	明细账科目	千	百	十	万	千	百	十	元	角	分	千	百	十	万	千	百	十	元	角	分	√
领用劳保用品	管理费用	劳保费					7	0	4	5	0	0											
	原材料	劳动保护品															7	0	4	5	0	0	
附件2张	合计					¥	7	0	4	5	0	0				¥	7	0	4	5	0	0	

会计主管：朱一媛　记账：刘美琪　出纳：陈新贤　审核：付梅　制证：陈新贤

表3-20

领　料　单

（三联式）

领料部门　车间

用途　一般耗用

2017年12月27日　　　　领字第85号

材料			单位	数量		成本							
编号	名称	规格		请领	实发	单价	总价						
							万	千	百	十	元	角	分
	袖套		双	30	30	4.50			1	3	5	0	0
	工作服		套	15	15	128.00		1	9	2	0	0	0
	肥皂		块	90	90	4.50			4	0	5	0	0
	毛巾		条	60	60	5.00			3	0	0	0	0
	合计							2	7	6	0	0	0

第二联　会计记账

会计：　记账：　保管：　发料：张军　领料：文加

表3-21

领　料　单

（三联式）

领料部门　公司科室

用途　车间劳动

2017年12月27日　　　　领字第86号

材料			单位	数量		成本							
编号	名称	规格		请领	实发	单价	总价						
							万	千	百	十	元	角	分
	袖套		双	50	50	4.50			2	2	5	0	0
	工作服		套	20	20	168.00		3	3	6	0	0	0
	肥皂		块	100	100	4.50			4	5	0	0	0
	毛巾		条	50	50	5.00			2	5	0	0	0
	合计						¥	4	2	8	5	0	0

第二联　会计记账

会计：　记账：　保管：　发料：张军　领料：黄文

（注册会计师林涛通过询问得知，公司科室所领用劳保用品为公司干部2018年1月份义务劳动所用）

四、实训方式

本实训为单人手工实训。

五、实训步骤

1. 熟悉实训资料和审计工作底稿；

2. 根据资料，将实训资料中的内容，填写到审计工作底稿“记账凭证测试通用底稿”“管理费用检查情况表”中；

3. 教师讲评；

4. 撰写个人实训总结。

六、实训工具

审计工作底稿“管理费用检查情况表”电子稿或纸质稿，见表3-22。

表3-22 管理费用检查情况表

被审计单位：________ 索引号：SE3

项目：管理费用 财务报表截止日/期间：________

编制：________ 复核：________

日期：________ 日期：________

记账日期	凭证编号	业务内容	对应科目	金　额	核对内容（用“√”“×”表示）						备注
					1	2	3	4	5	…	

核对内容说明：1. 原始凭证是否齐全；2. 记账凭证与原始凭证是否相符；3. 账务处理是否正确；4. 是否记录于恰当的会计期间；5.…

审计说明：

七、能力进阶

1. 注册会计师徐剑需要对该公司的招待费进行审计，他应该采取哪些审计程序、搜集哪些审计证据？

2. 注册会计师徐剑需要对该公司的通讯费进行审计，他应该采取哪些审计程序、搜集哪些审计证据？

管理费用常见舞弊手段

项目能力训练

一、单项选择题（下列各题的备选答案中，只有一个是正确的，请将正确答案的字母填在括号内）

1.对于健全的应付账款内部控制，一切购货交易，均应填写的是（　　），并经采购及有关部门签章批准。

A.验收单　　B.订货单　　C.支付凭单　　D.购货发票

2.不属于固定资产内部控制的是（　　）。

A.区分资本性支出和收益性支出　　B.保险制度

C.处置制度　　D.定期盘点制度

3.考虑到采购与付款循环测试的重要性，注册会计师往往对这一循环采用的审计方法是（　　）。

A.属性抽样　　B.变量抽样　　C.统计抽样　　D.非统计抽样

4.请购单是采购交易轨迹的起点，证明的有关采购交易的认定是（　　）。

A.发生　　B.完整性　　C.准确性　　D.截止

5.付款交易的控制测试的性质取决于（　　）因素。

A.控制测试的范围　　B.关键控制是否存在

C.控制测试的结果　　D.内部控制的性质

6.注册会计师在查找未入账的应付账款时，主要应审查的是（　　）。

A.验收报告　　B.提货单　　C.购货发票　　D.未支付账单

7.分析性复核比率中可能发现已减少固定资产未在账户上注销问题的是（　　）。

A.本年各月间和本年度与以前各年度间的修理及维护费用的比较

B.固定资产总成本/全年产品产量

C.本年与以前各年度的固定资产增减的比较

D.本年计提折旧额/固定资产总成本

8.在审查固定资产增加项目时，对于接受捐赠的固定资产，注册会计师应审查其是否（　　）。

A.已按评估价值入账　　B.按捐出单位账面净值入账

C.已按同类资产的市场价格入账　　D.已按重置完全价值入账

9.注册会计师取得并验算固定资产及累计折旧分类汇总表所针对的管理层认定是（　　）认定。

A.存在或发生　　B.完整性　　C.估价或分摊　　D.表达与披露

10.固定资产的审计目标一般不包括（　　）。

A.固定资产是否存在

B.固定资产是否归被审计单位所有

C.固定资产的计价和折旧政策是否恰当及预算是否合理

D.固定资产的期末余额是否正确

二、多项选择题（下列各题的备选答案中，有两个或两个以上的答案是正确的，请将正确答案的字母填在括号内）

1.根据内部控制不相容职务分离的要求，职责应相互独立的有（　　）。

A.提出采购申请与批准采购申请　B.批准采购申请与采购

C.采购与验收　D.验收与付款

2.典型的购货与付款循环所涉及的主要凭证和会计记录有（　　）。

A.买方发票　B.请购单　C.买方对账单　D.卖方对账单

3.为了检查采购与付款内部控制的有效性，注册会计师可以采取的测试程序有（　　）。

A.抽取部分采购业务，检查请购单是否经过批准

B.检查验收单是否连续编号

C.函证应付账款

D.观察验收部门是否独立于仓库保管部门

4.以下各项内部控制制度中，能够防止或发现采购及应付账款环节发生错误或舞弊的有（　　）。

A.所有订货单应经采购部门及有关部门批准，其副本应及时提交财会部门

B.现购业务必须经财会部门批准后方可支付价款

C.收到购货发票后，应立即送采购部门与订货单、验收单核对相符

D.采用总价法记录现金折扣，并严格复核是否发生折扣损失

5.属于采购交易的截止测试的有（　　）。

A.确定期末最后签署的支票的号码，确保期后的支票支付未被当做本期的交易

B.追踪付款至期末的银行对账单，确定其在期后的合理期间内被支付

C.选择已记录采购的样本，检查相关的商品验收单，保证交易已计入正确的会计期间

D.确定期末最后一份验收单顺序号码并审查代码报告，保证交易已计入正确的会计期间

6.应付账款一般不需要函证，注册会计师需要实施函证程序的情况有（　　）。

A.应付账款存在借方余额　B.控制风险较高

C.某应付账款账户的金额较大　D.被审计单位处于经济困难阶段

7.注册会计师应获取、汇集不同的证据以确定固定资产是否确实归被审计单位所有，对于房地产类固定资产，需要查阅的文件有（　　）。

A.合同、产权证明　B.财产税单

C.抵押贷款的还款凭证　D.保险单

8.审查折旧的计提和分配应注意的有（　　）。

A.计算复核本期折旧费用的计提是否正确

B.检查折旧费用的分配是否合理

C.注意固定资产增减变动时，有关折旧的会计处理是否符合规定

D.是否在资产负债表上披露

9.注册会计师对某公司采购与付款循环进行审计，该公司明细账往来账户年末余额及本年度进货总额如下，请问注册会计师应进行函证的有（　　）两家公司。

A.378 000元，589 700元　　B.0，37 656 700元

C.86 000元，83 990元　　D.3 677 800元，2 637 540元

10.下列各项审计程序中，可以找出未入账的应付账款的程序有（　　）。

A.审查资产负债表日收到，但尚未处理的购货发票

B.审查资产负债表日已经入库，但未收到发票的商品的有关记录

C.审查所有应付账款函证的回函

D.审查资产负债表日后一段时间内的现金支票存根

三、判断题（正确的打“√”，错误的打“×”）

1.注册会计师对负债项目的审计，主要是防止企业高估债务。（　　）

2.注册会计师应结合销售业务对应付账款进行审计。（　　）

3.一个良好的应付账款内部控制，在收到购货发票后，应立即送交会计部门支付货款。（　　）

4.如果被审计单位固定资产增减均能处于良好的经批准的预算控制之下，注册会计师即可适当减少对固定资产增加和减少审计的实质性测试的样本。（　　）

5.明确的职责分工制度，有利于降低注册会计师的检查风险。（　　）

6.应付账款应同应收账款一样，必须实施函证，以验证其是否真实存在。（　　）

7.应付账款均不需要函证，这是因为函证不能保证查出未记录的应付账款，况且注册会计师能够取得购货发票等外部凭证来证实应付账款的余额。（　　）

8.注册会计师实地观察固定资产的重点应放在净值较高的固定资产。（　　）

9.将“本年计提折旧额/固定资产总成本”同上年比较，旨在发现累计折旧核算的错误。（　　）

10.即使某一应付账款明细账户年末余额为零，注册会计师仍然可以将其列为函证对象。（　　）

项目四

生产与存货循环审计

实训1 存货计价测试

实训导引

存货计价方法的选择是制定企业会计政策的一项重要内容。存货计价方法的不同将会导致企业不同的利润报告和存货估价，并对企业多个会计期间的税收负担、现金流量等产生影响。

你需要关注的问题

1. 存货的会计核算方法有几种？各有什么特点？

2. 存货发出计价方法有几种？发出成本和期末成本如何计算？

3. 存货期初余额、本期发出计价和期末余额对企业的会计报表有哪些影响？如何影响？

实训内容

一、实训目的

通过本实训你应该能够：

1. 在明确审计目标要求的前提下，进行存货发出计价的测试；
2. 熟悉存货发出计价测试的基本工作内容、方法和要点；
3. 通过存货发出计价测试，分析企业存货计价可能存在的问题。

二、实训任务

1. 认真阅读和分析实训资料；
2. 选择恰当的存货计价方法测试被审计单位存货发出计价是否正确；
3. 填写审计工作底稿“存货计价审定表”；
4. 对发现的差错进行审计调整。

三、实训资料

发出存货的计价方法

注册会计师徐剑2018年3月12日在审计大连恒顺环保设备股份有限公

司2017年的存货项目时，发现该公司原材料石墨的计价情况，见表4-1。

表4-1 原材料石墨计价情况 金额单位：元

项目	本月购进			本月发出			本月结存		
	数量	单价	金额	数量	单价	金额	数量	单价	金额
11月30日							3 500	258	903 000
12月1日	13 000	256	3 328 000						
12月3日				5 000	258	1 290 000			
12月10日	10 000	257	2 570 000						
12月15日				10 000	258	2 580 000			
12月20日	3 000	259	777 000						
12月26日				7 000	259	1 813 000			
12月31日							7 500		1 895 000

大连恒顺环保设备股份有限公司原材料采用实际成本法进行核算，原材料发出计价采用加权平均法。该批原材料所生产产品的80%已于12月31日售出。大连恒顺环保设备股份有限公司所得税税率为25%，法定盈余公积计提比例为10%，任意盈余公积计提比例为5%。

四、实训方式

本实训采取单人手工实训方式。

五、实训步骤

1.熟悉实训资料和审计工作底稿；
2.根据资料，将实训资料中的内容，填写到审计工作底稿“存货计价审定表”中；
3.教师讲评；
4.撰写个人实训总结。

六、实训工具

审计工作底稿“存货计价审定表”的电子稿或纸质稿，见表4-2。

七、能力进阶

1.如果恒顺公司原材料发出计价采用的是先进先出法，其本期发出成本和期末余额是否正确？

2.如果恒顺公司原材料采用计划成本进行核算，石墨计划单价为245元，12月初材料成本差异为超支10 500元，12月末该公司石墨成本差异为18 000元。那么原材料期末成本为多少？

表 4-2 存货计价审定表

被审计单位：________ 索引号：________

项目：________ 财务报表截止日/期间：________

编制：________ 复核：________

日期：________ 日期：________

品名及规格：________

月份	增加			减少			结存		
	数量	单价	金额	数量	单价	金额	数量	单价	金额
期初数									
1月									
2月									
⋮									
10月									
11月									
12月									
合计									

注：本表适用于原材料、库存商品、发出商品等。

计价方法：

审计说明：

实训2 应付职工薪酬实质性程序

实训导引

职工薪酬，是指企业为获得职工提供的服务而给予各种形式的报酬以及其他相关支出。职工薪酬不仅包括企业一定时期支付给全体职工的劳动报酬总额，也包括按照工资的一定比例计算并计入成本费用的其他相关支出。职工薪酬对企业的利税均产生影响。

你需要关注的问题

1. 应付职工薪酬主要包括哪些内容？非货币性福利如何进行核算？
2. 与工资有关的三项费用计提基数和比例如何？其对企业利税有何影响？

实训内容

一、实训目的

通过本实训你应该能够：

1. 在明确审计目标要求的前提下，进行应付职工薪酬实质性程序；

2.熟悉应付职工薪酬及三项费用审计的基本工作内容、方法和要点；

3.通过应付职工薪酬及三项费用审计，分析和处理企业应付职工薪酬可能存在的问题。

二、实训任务

1.仔细阅读资料，熟悉被审计单位"五险一金""三项费用"的计提比例；

2.计算核实被审计单位"五险一金""三项费用"的计提是否正确；

3.对发现的问题进行审计调整，并填写审计工作底稿"应付职工薪酬审定表"。

三、实训资料

注册会计师王世建于2018年3月12日审计大连恒顺环保设备股份有限公司2017年应付职工薪酬账户，项目经理对其工作底稿的复核时间为3月16日。大连恒顺环保设备股份有限公司应付职工薪酬及三项费用和五险一金的计提比例及情况，见表4-3。

表4-3 应付职工薪酬明细情况表

项目	期初数	本期增加	本期减少	期末数
1.工资		20 481 858.82	20 481 858.52	
2.奖金		3 234 689.00	3 234 689.00	
3.津贴				
4.补贴		632 943.50	632 943.50	
5.职工福利		2 637 215.29	2 637 215.29	
6.社会保险费		5 184 904.71	5 184 904.71	
（1）医疗保险费（10%）		2 111 480.23	2 111 480.23	
（2）养老保险费（12%）		2 533 776.28	2 533 776.28	
（3）失业保险费（2%）		422 296.05	422 296.05	
（4）工伤保险费（0.5%）		105 574.01	105 574.01	
（5）生育保险费（0.8%）		11 778.41	11 778.41	
7.住房公积金（10.5%）		2 217 054.24	2 217 054.24	
8.工会经费（2%）		420 636.65	420 636.65	
9.职工教育经费（2.5%）	228 20.18	305 984.09	297 856.04	236 148.23
10.非货币性福利		58 690.39	58 690.39	
11.劳务费		4 546 259.41	4 546 259.41	

该公司职工工资均在当地最高和最低工资范围之间，2017年职工平均工资为1 472 301.25元；非货币性福利、劳务费经注册会计师王世建审查未发现疑问。

注：假定相关产品均已出售，差错一律计入当期损益。

四、实训方式

本实训为单人手工实训。

五、实训步骤

1.熟悉实训资料和审计工作底稿；

2.根据资料，将实训资料中的内容，填写到审计工作底稿“应付职工薪酬审定表”中；

3.教师讲评；

4.撰写个人实训总结。

五险一金的秘密

六、实训工具

审计工作底稿“应付职工薪酬审定表”电子稿或纸质稿，见表4-4。

表4-4　应付职工薪酬审定表

被审计单位：＿＿＿＿　索引号：＿＿＿＿

项目：＿＿＿＿　财务报表编制日/期间：＿＿＿＿

编制：＿＿＿＿　复核：＿＿＿＿

日期：＿＿＿＿　日期：＿＿＿＿

项目名称	期末未审数	账项调整		重分类调整		期末审定数	上期审定数	索引号
		借方	贷方	借方	贷方			
1.工资								
2.奖金								
3.津贴								
4.补贴								
5.职工福利								
6.社会保险费								
（1）医疗保险费								
（2）养老保险费								
（3）失业保险费								
（4）工伤保险费								
（5）生育保险费								
7.住房公积金								
8.工会经费								
9.职工教育经费								
10.非货币性福利								
11.劳务费								
合计								

审计说明：

审计结论：

七、能力进阶

1.注册会计师王世建在对恒顺公司“应付职工薪酬”进行审计时，如何获取该公司职工总额正确性的审计证据？

2.对于“五险一金”“三项费用”注册会计师王世建除了计算核实其计提的正确性外，还应实施哪些相关内容的审计？如何获取审计证据？

实训3　产品生产成本实质性程序

实训导引

在存货审计中，我们会运用获取或编制存货明细表、实施分析性复核、实地监督存货盘点等审计程序，并且存货项目各审计程序之间彼此相互联系，所查验的审计证据之间也可以相互佐证，因此，存货审计方法的综合运用能力是对审计人员的专业素质和相关业务知识要求的一大挑战。

你需要关注的问题

1.产品生产成本包含哪些项目？成本核算方法有几种？

2.搜集产品成本审计证据的方法和程序是什么？如何有效地使用？

3.企业在产品成本核算环节进行舞弊的目的是什么？

实训内容

一、实训目的

通过本实训你应该能够：

1.在明确审计目标要求的前提下，进行产品成本的实质性程序；

2.熟悉产品成本审计的基本工作内容、方法和要点；

3.发现和处理产品成本核算中常见的舞弊行为。

二、实训任务

1.仔细阅读资料，指出注册会计师米正浩所采用的审计方法和程序。

2.仔细阅读资料，指出注册会计师米正浩所执行的审计程序是否正确？是否还需要增加其他审计程序？审计的先后顺序是否需要调整？

3.根据资料分析被审计单位存在哪些问题？如何进行审计处理？

三、实训资料

注册会计师米正浩于2018年3月13日对大连恒顺环保设备股份有限公司（以下简称恒顺公司）进行产品成本审计，收集到以下资料：

1. 恒顺公司产品成本采用批量法核算；

2.2017年1～10月份产成品只设总账（见表4-5），未按批次设明细账。以下为石墨杆的账簿记录情况，见表4-5。

表4-5　产成品成本总账

产品批次	货号	数量（根）	单位成本（元）	期末余额（元）
01	1001	40 348	34.06	1 374 252.88
01	1002	5 624	32.89	184 973.36
01	1003	48 870	34.11	1 666 955.70
02	1004	6 240	33.08	206 419.20
02	1005	44 079	33.71	1 485 903.09
02	1006	1 073	33.64	36 095.72
02	1007	7 589	33.71	255 825.19
02	1008	1 143	33.51	38 301.93
小计		154 966		5 248 727.07

3.2017年石墨杆产成品收发存情况，见表4-6。

表4-6　产成品收发存明细表　单位：元

月份	本期产品入库	本期销售结转	余额
1月1日			0
1月	1 888 183.92	1 000 238.90	887 945.02
2月	886 940.79	836 940.79	937 945.02
3月	2 041 350.67	2 038 508.70	940 786.99
4月	2 308 507.06	1 500 879.60	1 748 414.45
5月	2 250 903.09	1 258 486.42	2 740 831.12
6月	2 374 351.12	2 005 864.44	3 109 317.80
7月	2 034 862.21	1 956 886.44	3 187 293.57
8月	2 194 957.43	1 658 370.66	3 723 880.34
9月	2 442 379.10	1 688 733.60	4 477 525.84
10月	2 519 614.74	1 879 030.80	5 118 109.78
11月	2 898 625.00	2 798 367.45	5 218 367.33
12月	1 087 233.64	1 056 873.90	5 248 727.07
合计	24 927 908.77	19 679 181.70	5 248 727.07

4. 批次01、02石墨杆合同签订日均为2017年10月中旬。

5. 批次01、02的11-12月份石墨杆生产成本变动情况，见表4-7。

表4-7 生产成本变动情况 单位：元

批次号	10月30日余额	11月增加金额	12月增加金额	减少金额	12月31日余额
01	740 372.02	0	583 493.64	0	1 323 865.66
02	1 626 360.46	36 180.96	393 592.92	0	2 056 134.34
小计	2 366 732.48	36 180.96	977 086.57	0	3 380 000.00

6. 生产车间的生产记录如下：

恒顺公司车间的生产部每天都会编制“生产进度表”，以便即时掌握生产进度等相关信息。“生产进度表”是从某批次项下的货号投料生产起开始记录，直至产品完工后就不再纳入记录范围。该表主要记录以下信息：

（1）批次；

（2）货号；

（3）计划套数（即合同约定的套数）；

（4）分解件数（即按合同约定分解的件数，如夹克、衬衫和裤子组成一套，就分解为3件）；

（5）累计落机件数（已成形产品，但尚未验收的件数）；

（6）送检件数（送相关质检机构验收的产品件数）。

7. 生产部提供的2017年12月31日“生产进度表”，对比批次01、02项下期末石墨杆产成品各货号结果，见表4-8。

表4-8 生产进度表 单位：根

批次	货号	计划套数	分解件数	累计落机件数	送检件数
01	1001	20 174	40 348	40 765	11 100
01	1002	无	无	无	无
01	1003	无	无	无	无
02	1004	无	无	无	无
02	1005	32 634	97 902	40 579	无
02	1006	488	1 464	1 073	无
02	1007	24 794	74 382	7 589	无
02	1008	1 183	3 549	1 143	无
小计				91 149	11 100

8.2018年3月13日，注册会计师米正浩对恒顺公司的石墨杆实施监盘程序。当盘点到产成品时，恒顺公司称其产成品一部分在本市方圆检品公司检品，还有一部分在长春市宫崎铸造有限公司（以下简称宫崎公司）进行加工，无法进行现场盘点。恒顺公司提供的盘点清单见表4-9。

表 4-9　　存货存放地点清单

货号	数量（根）	存放地点
1002	4 280	恒顺公司
1002	1 344	宫崎公司
1001	37 302	恒顺公司
1001	3 046	宫崎公司
1003	48 870	恒顺公司
1005	26 993	宫崎公司
1005	17 086	恒顺公司
1006	567	宫崎公司
1006	506	宫崎公司
1007	7 589	宫崎公司
1004	6 240	宫崎公司
1008	1 143	宫崎公司
小计	154 966	

恒顺公司称存货存放地点清单上注明的“宫崎公司”是专指需要在宫崎公司加工的产品，但实物当时也进方圆检品公司检品了。恒顺公司一再强调实物肯定是在宫崎公司，而且时间是在2017年12月31日之前。

9.注册会计师米正浩对宫崎公司进行了函证，要求对方出具了相关证明，宫崎公司出具的证明见表4-10。

表 4-10　　恒顺公司收货记录

批次	货号	数量（根）	进库截止日
01	1002	5 624	2017年12月31日
01	1001	40 348	2017年12月31日
01	1003	48 870	2017年12月31日
小计		94 842	
02	1005	44 079	2017年12月31日
02	1006	1 073	2017年12月31日
02	1007	7 589	2017年12月31日
02	1004	6 240	2017年12月31日
02	1008	1 143	2017年12月31日
小计		60 124	
合计		154 966	

10.注册会计师米正浩与另一名注册会计师甘庆渠对恒顺公司进行了实地调查，获得如下信息：

（1）恒顺公司是宫崎公司的大客户，平时来往频繁，且关系融洽；

（2）恒顺公司的外销产品在方圆检品公司检品后直接从该公司发运至海外。（方圆检品公司是美国独资企业，专作环保设备检品，而且对每件产品都进行检品）

（3）检品是出口发运的最后一关，如果产品需要外加工，要等加工完毕后才送检品公司检品。

（4）上述货号的确存在2017年入库检品的情况，但是恒顺公司由于与客户平时检品进出量大，而且平时记录不显示货号，只显示委托检品的单位名称及数量。如果逐一详细进行统计的话，工作量大。注册会计师米正浩对2018年入库检品清单进行了逐天统计，发现上述货号在2018年入库检品情况，见表4-11。

表4-11 入库检品情况

批次	货号	数量（根）	进库日
01	1002	1 118	2018年1月3日
01	1002	395	2018年1月4日
小计		1 513	
01	1001	3 060	2018年1月3日
01	1001	4 957	2018年1月4日
小计		8 017	
01	1003	3 260	2018年1月3日
01	1003	625	2018年1月7日
小计		3 885	
02	1005	2 880	2018年1月9日
02	1005	5 040	2018年1月10日
02	1005	5 220	2018年1月11日
02	1005	5 340	2018年1月12日
小计		18 480	
总计		31 895	

11.由于恒顺公司难以自圆其说，注册会计师米正浩又将该公司的石墨杆期末产成品单位成本与销售单价进行了比较，结果见表4-12。

表4-12 石墨杆期末产成品单位成本与销售单价比较

合约号	货号	每根售价	每根件数	折算每件售价	每件成本	每件盈利
01	1001	33.98	2	16.99	34.06	−17.07
01	1002	33.81	2	16.91	32.89	−15.98
01	1003	33.84	2	16.92	34.11	−17.19
02	1004	33.78	3	11.26	33.08	−21.82
02	1005	33.83	3	11.28	33.71	−22.43
02	1006	33.8	3	11.27	33.64	−22.37
02	1007	33.83	2	16.92	33.71	−16.79
02	1008	33.81	3	11.27	33.51	−22.24

12.注册会计师米正浩为了获取更有力的证据，对产品销售合同与产品完工情况进行了核对，其中批次01、02的期末产成品实际完工数量与批次上约定的数量比较结果，见表4-13。

表4-13 石墨杆产品销售合同与产品完工情况比较 单位：根

批次号	货号	完工数量	合同约定数量	差异
01	1001	40 348	40 348	无
01	1002	5 624	5 624	无
01	1003	48 870	48 870	无
02	1004	6 240	6 240	无
02	1005	44 079	44 079	无
02	1006	1 073	1 073	无
02	1007	7 589	7 589	无
02	1008	1 143	1 143	无
小计		154 966	154 966	

（注：一般产品生产的数量会比合同多一些，以备不合格产品的出现）

四、实训方式

本实训采用小组讨论的方式。

五、实训步骤

1.熟悉实训资料，分析注册会计师米正浩所采用的审计方法和程序。

2.小组分析、讨论注册会计师米正浩所执行的审计程序是否正确？是否还需要增加其他审计程序？审计的先后顺序是否需要调整？

3.小组分析、讨论被审计单位存在哪些问题？如何进行审计处理？

4.教师讲评。

5.撰写小组和个人实训总结。

六、能力进阶

1.上述审计过程中，注册会计师米正浩应填写哪些审计工作底稿？

2.如果恒顺公司2017年1～10月份按照石墨杆产品批次设置了产品成本明细账，注册会计师米正浩应该如何收集审计证据？

3.分析一下，恒顺公司产品成本中存在的问题，对该公司利税有何影响？

项目能力训练

一、单项选择题（下列各题的备选答案中，只有一个是正确的，请将正确答案的字母填在括号内）

1.内部控制良好的公司，在收到商品时，应由负责验收人员将商品与之仔细核对的文件是（　　）。

A.供应商发运文件及订货单　　B.验收报告与供应商发运文件

C.请购单及订货单　　D.验收报告与订货单

2.生产与存货循环有关交易的实质性程序不包括的是（　　）。

A.成本会计制度的测试　　B.存货的监盘

C.存货的计价测试　　D.分析性程序的运用

3.仓库部门向生产部门发货的依据是从生产部门收到的通知，即（　　）。

A.领料单　　B.发料单　　C.验收单　　D.保管单

4.存货成本审计不应包括的审计内容是（　　）的审计。

A.制造费用　　B.主营业务成本

C.直接材料成本、人工成本　　D.管理费用

5.生产与存货循环和销售与收款循环的直接联系发生的情况是（　　）之时。

A.借记原材料，贷记应付账款　　B.借记银行存款，贷记应收账款

C.借记主营业务成本，贷记库存商品　　D.借记应付账款，贷记银行存款

6.注册会计师在审查存货时，必须要执行的程序是（　　）。

A.亲自盘点存货　　B.亲自指挥客户进行盘点工作

C.监督客户的盘点　　D.观察客户的盘点并适当抽点

7.注册会计师在进行复盘抽点时，抽点样本一般不低于的比例是（　　）。

A.存货总量的30%　　B.存货总量的10%

C.存货总量的20%　　D.存货总量的15%

8.盘点是管理层的责任，负责制订盘点计划的责任人是（　　）。

A.注册会计师　　B.被审计单位管理层

C.注册会计师同管理层　　D.以上均正确

9.审阅制造费用明细账时，应重点查明企业有无将下列不该列入成本费用的支出列入制造费用的是（　　）。

A.设计制图费　　B.技术改造支出　　C.实验检验费　　D.租赁费

10.对采用计时工薪制的企业应获取样本的实际工时统计记录、职员分类表和职员工薪手册（工薪率）及人工费用分配汇总表，下列需要检查的事项是（　　）。

A.“成本计算单”中直接人工成本与“人工费用分配汇总表”中该样本的直接人工费用核对是否相符

B.样本的实际工时统计记录与“材料费用分配汇总表”中该样本的实际工时核对是否相符

C.抽取生产部门若干天的工时台账与实际工时统计记录核对是否相符

D.当没有实际工时统计记录时，则可根据职员分类表及职员工薪手册中的工薪率，计算复核人工费用分配汇总表中该样本的直接人工费用是否合理

二、多项选择题（下列各题的备选答案中，有两个或两个以上的答案是正确的，请将正确答案的字母填在括号内）

1.下列各项属于生产与存货循环内部控制测试主要内容的有（　　）测试。

A. 成本会计制度 B. 实物流转程序系统

C. 价值流转记录程序的控制 D. 工薪内部控制

2. 下列各项属于成本会计制度控制测试程序的有（ ）。

A. 审核直接材料的数量及金额 B. 制造费用控制测试

C. 审核直接人工工时和工资费用 D. 复核生产费用的分配

3. 存货是指企业在生产经营过程中为销售或耗用而储存的各种资产，主要包括（ ）。

A. 产成品 B. 半成品 C. 原材料 D. 包装物

4. 下列各项属于生产与存货循环涉及的主要凭证与会计记录的有（ ）。

A. 生产指令 B. 工时记录 C. 成本计算单 D. 销售发票

5. 恒远会计师事务所接受甲公司（大型制造类公司）2017 年财务报表审计业务，下列属于甲公司“影响生产与存货交易和余额的重大错报风险 ”的有（ ）。

A. 交易的数量庞大，业务复杂，这就增加了错误和舞弊的风险

B. 可能存在产品的多元化

C. 某些存货项目的可变现净值可能难以确定

D. 大型企业可能将存货存放在很多地点，并且可以在不同的地点之间配送存货，这将增加商品途中毁损或遗失的风险

6. 下列各项属于生产成本在当期完工产品与在产品之间分配的测试有（ ）。

A. 检查成本计算单中的产品数量与生产统计报告或在产品盘存表中的数量是否一致

B. 检查在产品约当产量计算或其他分配标准是否合理

C. 计算复核样本的总成本和单位成本，最终对当期采用的成本会计制度作出评价

D. 直接人工成本差异的计算与账务处理是否正确

7. 在生产与存货循环的分析性复核中，注册会计师通常运用的比率主要有（ ）。

A. 存货周转率 B. 速动比率 C. 毛利率 D. 流动比率

8. 下列各项属于存货计价测试内容的有（ ）。

A. 测试样本的选择 B. 计价方法的确认

C. 计价测试 D. 账户审计

9. 当首次接受委托未能对上期期末存货实施监盘，且该存货对本期财务报表存在重大影响时，下列应当实施的审计程序有（ ）。

A. 查阅前任注册会计师的工作底稿 B. 复核上期存货盘点记录及文件

C. 检查上期存货交易记录 D. 运用毛利百分比法等进行分析

10. 注册会计师对被审计单位购货业务进行年底截止测试的方法有（ ）。

A. 实地观察与抽查购货

B. 抽查存货盘点日前后的购货发票与验收报告

C. 查阅验收部门的业务记录

D. 了解购货的保险情况和存货保护措施

三、判断题（正确的打“√”，错误的打“×”）

1. 总体上看，生产与存货循环的内部控制主要包括存货的内部控制、成本会计制度的内部控制及工薪的内部控制三项内容。（ ）

2.存货价值流转记录主要由会计部门执行。 (　　)

3.通常情况下由销售部门确定并下达生产通知单。 (　　)

4.直接材料成本测试涉及三个因素：消耗量、单价、类型。 (　　)

5.被审计单位财务负责人认为本公司采用永续盘存制，因此可不必对存货采用实地盘点，注册会计师应接受这种意见。 (　　)

6.注册会计师在对存货实施监盘程序时，应实施双向抽查，既要从盘点记录中选取项目追查至存货实物，以测试盘点记录的完整性，也要从实物中选取项目追查至盘点记录，以测试盘点记录的准确性。 (　　)

7.存货盘点是注册会计师的责任，因此，注册会计师应亲自制订盘点计划。 (　　)

8.购货交易正确截止是要求将12月31日前购入的存货，无论其是否已验收入库，都必须纳入存货盘点范围。 (　　)

9.注册会计师在抽样进行存货计价测试时，一般采用固定样本抽样法，抽样规模应足以推断总体情况。 (　　)

10.应付职工薪酬的审计目标主要是确定应付职工薪酬计提和支出的记录是否完整，计提依据是否合理；确定应付职工薪酬期末余额是否正确；确定应付职工薪酬的披露是否恰当。 (　　)

项目五

筹资与投资循环审计

实训1　筹资业务审计

实训导引

资金是企业生产经营所不可或缺的资产，由于企业规模大小、信用等级高低等原因限制，企业在筹集资金时要考虑筹资风险、筹资成本来选择筹资的方式，以使企业既以最低成本获取最大量资金，同时承担最小风险，获取最大利润。

你需要关注的问题

1. 企业筹资行为有哪些？公司法、企业法对公司、企业筹资有哪些具体规定？
2. 对筹资业务进行审计时要审阅的相关资料有哪些？

实训内容

一、实训目的

通过本实训你应该能够：

1. 在明确审计目标要求的前提下，执行筹资业务的实质性程序；
2. 熟悉筹资业务审计的基本工作内容、方法和要点；
3. 发现和处理筹资业务审计中常见的舞弊行为。

企业筹资类型与风险

二、实训任务

1. 仔细阅读实训资料，分析存在的问题；
2. 针对存在的问题，进行相应审计调整。

三、实训资料

大连中正会计师事务所注册会计师姜爱军2018年4月13日审计大连恒顺环保设备股份有限公司（以下简称恒顺公司）筹资业务时发现如下情况：

1. 恒顺公司2017年6月1日至12月31日“短期借款——生产周转借款”账户平均贷款为360 000元，存货合计为250 000元，其他应收款为220 000元。

6月5日65#记账凭证的会计分录为：

借：银行存款　　190 000

　　贷：短期借款——生产周转借款　　190 000

后附“收账通知”和“借款契约”两张原始凭证，借款日期为6月5日，借款期限为6个月。

6月10日78#记账凭证的会计分录为：

借：其他应收款——李德裕　　180 000

　　贷：银行存款　　180 000

其摘要为“汇给光明公司货款”。经核实，所记汇款为该公司为职工垫付的购买保健椅的款项，李德裕是负责向职工收回垫付款的负责人，全部货款至2017年12月陆续收回。该笔借款年利率为8%。

2.2017年2月1日该公司发行债券，应付债券面值为10万元，债券折价4万元，票面利率12%，调阅发行债券的批文，规定发行价格10万元，发行期3年，利率12%，审查其凭证，会计分录如下：

借：银行存款　　60 000

　　应付债券——利息调整　　40 000

　　贷：应付债券——债券面值　　100 000

所附原始凭证全部经进一步查证，均为该公司内部职工购入。

3.2017年1月20日，该公司为生产线建设专门筹资，平价发行5年期、面值为1 000万元债券，票面利率为9%，实际利率为10%，工程于发行债券当月动工。2017年12月31日，该公司计提利息和摊销时，编制如下会计分录：

借：财务费用　　1 000 000

　　贷：应付债券——应计利息　　1 000 000

四、实训方式

本实训采取单人手工实训方式。

五、实训步骤

1.熟悉实训资料和审计工作底稿；

2.根据资料，将实训资料中的内容，填写到审计工作底稿“记账凭证测试通用底稿”中；

3.教师讲评；

4.撰写个人实训总结。

六、实训工具

审计工作底稿“记账凭证测试通用底稿”电子稿或纸质稿。

七、能力进阶

恒顺公司2017年12月25日将新增投资者投入的50万元作为主营业务收入入账，致使该公司营业收入虚增50万元，注册会计师姜爱军应该执行哪些审计程序，进行哪些审计调整？

实训2　投资业务审计

实训导引

当企业有闲余资金，或欲扩张时，往往会采取对外投资的方式来使企业价值增值。企业投资是否恰当、正确，不仅对企业的生产经营有一定影响，而且对企业的持续经营也产生一定的影响。

你需要关注的问题

1. 企业投资行为有哪些？企业会计准则中关于企业投资的核算有哪些具体规定？
2. 对投资业务进行审计时要审阅的相关资料有哪些？

实训内容

一、实训目的

通过本实训你应该能够：

1. 在明确审计目标要求的前提下，执行投资业务的实质性程序；
2. 熟悉投资业务审计的基本工作内容、方法和要点；
3. 发现和处理投资业务审计中常见的舞弊行为。

二、实训任务

1. 仔细阅读实训资料，分析存在的问题；
2. 针对存在的问题，进行相应审计调整。

企业投资类型与风险

三、实训资料

大连中正会计师事务所注册会计师姜爱军于2018年3月13日审计大连恒顺环保设备股份有限公司（以下简称恒顺公司）投资业务时发现如下情况：

1.2017年10月126#凭证会计记录为：

借：交易性金融资产——B公司（成本）　730 000
　　投资收益　30 000
　　贷：银行存款　760 000

后附股票交易结算单据3张，表明该股票于2017年10月10日购入，计50 000股，每股面值10元，购买价15元，支付佣金及手续费10 000元，实际付款760 000元，实付价款中包含已宣告但尚未发放的现金股利30 000元。

2017年年末，B公司股票市价上升为每股16元，恒顺公司资产负债表中“以公允价值计量且其变动计入当期损益的金融资产”列示为730 000元。

2.2017年6月11日69#凭证会计分录为：

借：可供出售金融资产——R公司（成本）　1 035 000
　　贷：银行存款　1 035 000

后附交易单据显示：该股票是6月11日购入R公司的10 000股股票，支付买价100万元，经纪人佣金30 000元，其他相关税费5 000元。实付价款中包含R公司已于当年的4月28日宣告按每股1元的股利分派，6月15日实际派发。

6月15日派发股利，该公司6月15日121#凭证会计分录为：

借：银行存款 10 000

　　贷：投资收益 10 000

6月30日，该股票的市价为每股100元，确认股价变动收益，169#凭证会计分录为：

借：投资收益 35 000

　　贷：可供出售金融资产——公允价值变动 35 000

11月10日，该公司出售该股票，每股售价为120元，212#凭证会计分录为：

借：银行存款 1 200 000

　　可供出售金融资产——公允价值变动 35 000

　　贷：可供出售金融资产——R公司（成本） 1 035 000

　　　　投资收益 200 000

四、实训方式

本实训采取单人手工实训方式。

五、实训步骤

1.熟悉实训资料和审计工作底稿；
2.根据资料，将实训资料中的内容，填写到审计工作底稿“记账凭证测试通用底稿”中；
3.教师讲评；
4.撰写个人实训总结。

六、实训工具

审计工作底稿“记账凭证测试通用底稿”电子稿或纸质稿。

七、能力进阶

1.如果资料中交易性金融资产——B公司到2017年年底价格下降为12元，注册会计师姜爱军须做何种审计处理？

2.如果该公司可供出售金融资产——R公司在11月份卖出时的价格为98元，注册会计师姜爱军须做何种审计处理？

项目能力训练

一、单项选择题（下列各题的备选答案中，只有一个是正确的，请将正确答案的字母填在括号内）

1.筹资与投资循环的主要特点是：影响相关账户余额的业务数量较少，但每笔业务的金额通常都较大。根据这一特点，注册会计师在审查时可以采用的程序是（　　）。

A.抽样审计　　B.较低的控制风险估计水平法

C.大量的控制测试　　D.详细审计

2.对外投资业务的内部控制制度一般不包括（　　）。

A.严格的记名制度　　B.严格的预算制度

C.完善的盘点制度　　D.合理的职责分工

3.审计应付债券时，如果被审计单位应付债券业务不多，可直接进行的程序是（　　）。

A.内部控制调查　　B.控制测试

C.实质性测试　　D.穿行测试

4.对于筹资与投资循环主要特点不正确的提法是（　　）。

A.交易数量较少，但每笔业务的金额通常情况下额度很大

B.交易数量较大，但每笔业务的金额通常情况下额度很小

C.如果漏记或不恰当地对一笔业务进行会计处理，将会导致重大错误

D.筹资与投资循环交易必须遵守国家法律法令

5.投资活动的凭证和会计记录不包括的内容是（　　）。

A.承销或包销协议　　B.经纪人通知书

C.企业的章程及有关协议　　D.投资协议

6.注册会计师为了验证被审计单位在资产负债表日所列示的长期投资确实归被审计单位所有，而应实施的最佳审计程序是（　　）。

A.将交易及会计记录进行核对，确定所有交易均经批准或授权

B.抽查投资交易原始凭证，证实有关凭证是否已预先编号

C.函证资产负债表日被托管的所有有价证券

D.将明细账与总账进行核对

7.为了实现一般审计目标中的存在性目标，注册会计师（应当）实施的审计程序是（　　）。

A.审查长期投资是否超过净资产的50%

B.审查长期投资的市价是否予以列示

C.审阅投资日期与登记入账日期是否一致

D.向投资者函证实收资本

8.对股本账户的期末余额审计，首先是确定资产负债表日流通在外的股票数量，假定对被审计单位的股票发行记录以及其与代理发行机构签订的相关协议已经进行了必要的审计和检查，为了证实这部分股票的真实性，注册会计师应当实施的审计程序是（　　）。

A.查阅发行记录　　B.查阅股东登记簿

C.向股东发函询证　　D.向代理机构函证

9.企业不能接受投资者进行的投资方式是（　　）。

A.无形资产　　B.货币资金　　C.实物资产　　D.租赁资产

10.为判断被审计单位是否高估或低估长、短期借款的利息支出，注册会计师应选取适当利率匡算利息支出总额，并核对相关记录的是（　　）。

A.管理费用　　B.财务费用　　C.销售费用　　D.流动负债

二、多项选择题（下列各题的备选答案中，有两个或两个以上的答案是正确的，请将正确答案的字母填在括号内）

1.对于实收资本的减少，注册会计师应查明被审计单位是否（　　）。

A.事先通知所有债权人，债权人无异议

B.事先通知所有债务人，债务人无异议

C.经股东大会决议同意，并修改公司章程

D.减资后的注册资本不低于法定注册资本的最低限额

2.投资内部控制制度的测试一般包括的内容有（　　）。

A.了解投资内部控制制度　　B.进行简易抽查

C.审阅内部盘核报告　　D.获取或编制有关明细表进行账账核对

3.注册会计师应重点调查的与长期投资相关的内部控制制度有（　　）。

A.职责分工制度　　B.资产保管制度

C.记名登记制度　　D.定期盘点制度

4.下列审计程序中，可以用于审查长期借款入账完整性的有（　　）。

A.向债权人询证负债余额

B.查阅被审计单位管理部门的会议记录和文件资料

C.审阅账簿记录并与原始凭证核对

D.分析利息费用账户，验证利息支出的合理性

5.下列审计程序中，可以用于审查长期借款完整性的有（　　）。

A.向债权人函证负债余额　　B.查阅管理部门的会议记录和文件材料

C.查阅账簿记录，并与原始凭证核对　　D.审核未达账项

6.在对被审计单位的长期借款实施实质性程序时，注册会计师一般应获取的审计证据有（　　）。

A.长期借款明细表　　B.长期借款的合同和授权批准文件

C.相关抵押资产的所有权证明文件　　D.重大长期借款的函证回函

7.所有者权益审计的内容主要有（　　）。

A.实收资本审计　　B.资本公积审计　　C.盈余公积审计　　D.利润分配审计

8.注册会计师应在期末对余额较大或认为存在异常的短期借款项目实施函证程序，函证的对象有（　　）。

A.银行　　B.其他债权人　　C.其他债务人　　D.企业主管部门

9.在盘核长期投资资产时，应实施的审计程序有（　　）。

A.盘点库存证券，并填制盘点清单

B.仔细调查长期投资的相关内部控制

C.将盘点清单与长期投资明细表进行核对

D.将盘点情况形成记录，并列入审计工作底稿

10.注册会计师确定长期投资是否已在资产负债表上恰当披露时，应当执行的审计程序有（　　）。

A.检查资产负债表上长期投资项目的数额与审定数是否相符
B.检查当长期投资超过净资产的50%时，是否已在附注中恰当披露
C.盘点股票、债券数量，并审查账实是否相符
D.检查一年内到期的长期投资项目的数额与审定数是否相符

三、判断题（正确的打“√”，错误的打“×”）

1.注册会计师审查公开发行股票公司已发行的股票数量是否真实、是否已收到股款时，应向主要股东函证。（ ）

2.如果被审计单位低估或漏列负债，很难与债权人的记录相印证。因此，注册会计师对借款类项目实施函证程序对于确定借款的完整性来说是必要的。（ ）

3.资本公积和盈余公积经过一定的授权批准手续均可用于弥补亏损、转增资本。（ ）

4.在评估投资活动的重大错报风险时，注册会计师可以通过实施询问、检查相关文件记录等控制测试程序获取正确的信息。（ ）

5.注册会计师在对应付债券内部控制制度进行控制测试时，如果企业应付债券业务不多，注册会计师可根据成本效益原则决定直接进行实质性测试。（ ）

6.如果发行记名债券，企业不仅应在债券存根簿中记载发行债券的日期，还应记载取得债券的日期，但在发行无记名债券时，仅在债券登记簿中登记发行债券的日期，而无须登记取得债券的日期。（ ）

7.根据“资产-负债=所有者权益”这一平衡原理，如果注册会计师能够对企业的资产和负债进行充分的审查，证明二者的期初余额、期末余额和本期变动都是正确的，则就不必对所有者权益进行单独的审计。（ ）

8.企业投资者的任何一方出资，必须聘请中国注册会计师进行验资，并且出具验资报告，并据以发给投资者出资证明书。（ ）

9.股票发行价格与其面值的差额应全部作为股本溢价计入资本公积。（ ）

10.对未入账的长期借款进行审查，无效的审计程序是编制长期借款明细表并与总账核对。（ ）

项目六

货币资金审计

实训1　库存现金审计

实训导引

库存现金是企业资产的重要组成部分，是企业资产中流动性最强的一种资产，也是最易出现差错和舞弊的资产。任何企业进行生产经营活动都必须拥有一定数额的库存现金，以备生产经营管理急需，库存现金在企业的会计核算中占有较为重要的位置。

你需要关注的问题

1.库存现金的特点是什么？内部控制制度的构成包括哪些内容？

2.库存现金的结算起点、开支范围有哪些规定？

3.库存现金收支业务与哪些业务循环有关？

4.在前面的各业务循环审计中，均涉及库存现金审计，在货币资金审计中，库存现金审计的工作包括哪些具体内容？

实训内容

一、实训目的

通过本实训你应该能够：

1.在明确审计目标要求的前提下，执行库存现金实质性程序；

2.掌握库存现金审计的基本工作内容、方法和要点；

3.独立完成库存现金审计盘点工作。

二、实训任务

1.将学生分为两组：会计师事务所组和被审计单位组，并进行相应角色选择；

2.在教师指导下，编写库存现金审计盘点的情景与角色模拟实训脚本；

3.按照剧本完成库存现金审计盘点的情景与角色模拟实训；

4.对发现的问题进行审计调整；

5.根据实训资料填写审计工作底稿“库存现金监盘表”“货币资金审定表”；

6.撰写小组和个人实训总结。

三、实训资料

大连中正会计师事务所审计项目经理姜爱军和田阳等注册会计师，2018年2月17日，对恒顺公司2017年财务报表实施审计，2月17日姜爱军和田阳于早上8:00对该公司库存现金进行审计。

（一）账实情况

1. 保险柜现金的实存数为1 460元。

2. 保险柜中有下列单据已收付款，但未入账：

（1）某职工报销差旅费，金额为1 830元。手续齐全，时间为2018年2月8日。

（2）某职工借条一张，未说明用途，无主管领导审批，金额为1 300元，日期为2017年12月25日。经进一步查明为出纳挪用。

3. 盘点前库存现金日记账的余额为4 590元，2017年12月31日库存现金余额为3 825元。

4. 经核对2018年1月1日至2月16日的收、付款凭证和库存现金日记账，1月1日至2月16日收入现金金额为13 465元，支出现金金额为14 530元，正确无误。

5. 银行核定的库存现金限额为5 000元。

（二）库存现金盘点情况

100元钞票10张，50元钞票6张，20元钞票5张，10元钞票5张，5元钞票2张。

（三）账簿、凭证查阅情况

姜爱军在审查库存现金日记账时，发现该公司2017年10月12日60#现付字记账凭证有疑问，因此又查阅了库存现金日记账、银行存款日记账、固定资产明细账和相关记账凭证、原始凭证，对相关人员和单位实施了相应的审计程序，见表6-1至表6-4。

表6-1

付款凭证

2017年10月12日　　　　现付字第60号

摘要	会计科目		借方金额										贷方金额										记账√
	总账科目	明细账科目	千	百	十	万	千	百	十	元	角	分	千	百	十	万	千	百	十	元	角	分	
支付设备清理费	管理费用	其他					3	0	0	0	0	0											
	库存现金																3	0	0	0	0	0	
附件1张	合计					¥	3	0	0	0	0	0				¥	3	0	0	0	0	0	

会计主管：朱一媛　　记账：吕俊　　出纳：陈新贤　　审计：付梅　　制证：陈新贤

表6-2

现金支出凭单

2017年10月11日　　　　第78号

付给　设备处李浩

报废机器拆除费　　　　款

计人民币（大写）叁仟元整　　¥3 000.00

收款人（盖章）李浩

现金付讫

审批人：　　主管会计：　　记账员：　　出纳员：陈新贤

表6-3

转账凭证

2017年10月12日　　　　转字第8号

摘要	会计科目		借方金额	贷方金额	记账√
	总账科目	明细账科目	千百十万千百十元角分	千百十万千百十元角分	
支付设备清理费	累计折旧		1 5 0 0 0 0		
	营业外支出		1 5 0 0 0 0		
	固定资产	生产用		3 0 0 0 0 0	
附件1张	合　计		¥ 3 0 0 0 0 0	¥ 3 0 0 0 0 0	

会计主管：朱一媛　记账：吕俊　出纳：陈新贤　审计：付梅　制证：陈新贤

表6-4

固定资产报废申请表

编号：　　　　2017年9月28日

固定资产名称	粉碎机		规格型号	M103KVQ	
原值	13 000元		使用年限	5年	
预计清理费用			年折旧额	2 522元	
残值率	3%		资产编号	20160816	
购入时间	2016.08.10	使用时间		存放地点	设备处仓库
使用部门			责任人		
报废原因	雷电损坏				
使用部门意见					
技术部门意见	同意报废 负责人：杨凯歌　2017年9月28日				
设备管理部门意见	同意报废 负责人：曹丽华　2017年9月28日				
财务部门意见	同意报废 负责人：董长华　2017年9月28日				
公司主管领导意见	同意报废 负责人：韩　飞　2017年9月28日				
备　注					

固定资产明细账中显示该设备于2016年8月以13 000元购入，因公司产品改产一直未投入使用，于是于2017年4月24日以12 000元转让给光华公司。姜爱军实施了函证程序，得到光华公司证实。最后财务经理只好承认了“小金库”的事实，并交出12 000元的存折。

四、实训方式

本实训采用分组、情景角色模拟实训方式；也可采用单人手工实训方式。

五、实训步骤

1. 熟悉实训资料和审计工作底稿、分配好角色和扮演者；
2. 根据资料，在教师指导下，编写库存现金审计盘点的情景与角色模拟实训脚本；
3. 按照剧本完成库存现金审计盘点的情景与角色模拟实训；
4. 根据实训资料填写审计工作底稿“库存现金监盘表”“货币资金审定表”，并对发现的问题进行审计调整；
5. 教师讲评；
6. 撰写小组和个人实训总结。

六、实训工具

审计工作底稿“库存现金监盘表”“货币资金审定表”电子稿或纸质稿，见表6-5和表6-6。

表6-5　　**库存现金监盘表**

被审计单位：____________　　**索引号：**____________

项目：____________　　**财务报表截止日/期间：**____________

编制：____________　　**复核：**____________

日期：____________　　**日期：**____________

检查盘点记录					实有库存现金盘点记录				
项　目		项次	人民币	外币	面额/元	人民币		外币	
						张	金额	张	金额
上一日账面库存余额		①							
盘点日未记账传票收入金额		②			100				
盘点日未记账传票支出金额		③			50				
盘点日账面应有金额		④=①+②-③=2-3			20				
盘点实有库存现金数额		⑤			10				
盘点日应有与实有差异		⑥=④-⑤			5				
差异原因分析	白条抵库（张）				2				
					1				
					0.5				
					0.2				
					0.1				
					合计				
追溯调整	报表日至审计日库存现金付出总额								
	报表日至审计日库存现金收入总额								
	报表日库存现金应有余额								
	报表日账面汇率								
	报表日余额折合本位币金额								
本位币合计									

出纳员：　　　会计主管人员：　　　监盘人：　　　检查日期：

审计说明：

表6-6 **货币资金审定表**

被审计单位：	索引号：ZA
项目：货币资金	财务报表截止日/期间：
编制：	复核：
日期：	日期：

项目名称	期末未审数	账项调整		重分类调整		期末审定数	上期末审定数	索引号
		借方	贷方	借方	贷方			
库存现金								
银行存款								
其他货币资金								
小计								
合计								

审计结论：

七、能力进阶

1.如果被审计单位库存现金有多处存放地点，应该如何盘点？

2.假定该公司存在现金管理不规范、有个别不及时入账的原始凭证、小额超限额库存现金、少量白条抵库现象等，但盘点账实相符。注册会计师应做何处理？

3.假定该公司存在现金管理不规范、有多张不及时入账的原始凭证、较大数额超限额库存现金、数张白条抵库现象等，且盘点账实不相符。注册会计师应做何处理？

4.对有价证券等现金等价物如何审计？

5.试列举企业“小金库”的具体表现形式。说说为什么“小金库”屡禁不止？

八、库存现金盘点脚本设计指南

1.主要工作过程简介

2018年3月10日早上8:00（也可选择下午4:30下班前），会计主管通知出纳，会计师事务所负责公司年度报表审计的注册会计师马上就要来进行库存现金审计盘点，让出纳准备一下。随后，审计小组项目经理和一名审计人员就出现了。

在相互认识后，审计人员说明来意，会计主管也表达了他们对该审计工作的认真配合态度。

审计人员开始询问出纳的日记账是否处理完毕、该公司库存现金有几处存放地，以及库存现金的日常管理情况，会计主管、出纳分别作出回答，并将总账、日记账交给审计人员，审计人员进行审阅、核对，并作记录。

之后，审计人员提出盘点库存现金，出纳将保险柜中的现金进行逐一盘点，审计人员同时进行相应记录。出纳盘点完库存现金，审计人员将库存现金监盘表填好，（假定该公司现金管理规范、无不及时入账原始凭证、无超限额库存现金、也无白条抵库现象等，且盘点账实相符）将填好的库存现金监盘表交予会计主管签字、盖公章进行确认。

彼此道别。工作结束。

2.脚本设计内容

（1）场景、道具设计

场景：被审计单位公司牌、财务科科室牌、会计主管、出纳的办公桌、出纳岗位牌、办公用品；

道具：点钞券、模拟保险柜、库存现金日记账账簿、总账账簿、库存现金监盘表、记录用纸、笔和计算器。

（2）人物设计

①被审计单位一方：会计主管领导、出纳各一名；

②会计师事务所：审计项目经理一名、审计人员一名；

③文字记录员双方均应选出一名，负责文字记录；影像摄制员双方也均应设置一名，负责拍照片或录像。

（3）对话、动作设计

双方库存现金盘点时的对白和动作。

3.脚本设计重点：

（1）库存现金盘点为突击盘点、出纳人员盘点、审计人员监盘。盘点时至少公司会计主管领导、出纳、审计项目经理、一名审计人员在场。

（2）库存在现金盘点中审计人员要向会计主管领导、出纳询问有关库存现金内部控制制度情况，以了解该公司库存现金管理情况的好坏，是否规范、内部控制是否有效、出纳的工作是否做到日清月结，做到证实账实相符。

（3）查阅被审计单位库存现金内部控制制度、查看原始凭证以查验被审计单位库存现金内部控制制度执行的有效性等情节。

（4）体现人际间自然交往的礼貌性、审计工作的自然性，不做艺术夸大。

现金常见舞弊行为

微课：库存现金监盘

实训2　银行存款审计

实训导引

按照国家有关规定，凡是独立核算的企业都必须在当地银行开设账户。企业在银行开设账户以后，除按核定的限额保留库存现金外，超过限额的库存现金必须存入银行；除了在规定的范围内可以用库存现金直接支付的款项外，在经营过程中所发生的一切货币收支业务，都必须通过“银行存款”账户进行结算。持有一定数量的银行存款是企业生产经营活动的基本条件，银行存款在企业的会计核算中占有重要的位置。

你需要关注的问题

1.银行存款的特点是什么？内部控制制度的构成包括哪些内容？

2.银行存款的结算起点、开支范围、账户管理有哪些规定？

3.银行存款收支业务与哪些业务循环有关？

4.在前面的各业务循环审计中，均涉及银行存款审计，在货币资金审计中，银行存款审计的工作包括哪些具体内容？

实训内容

一、实训目的

通过本实训你应该能够：

1.在明确审计目标要求的前提下，执行银行存款实质性程序；

2.掌握银行存款审计的基本工作内容、方法和要点；

3.独立完成银行存款审计函证、余额调节工作。

二、实训任务

1.根据实训资料，撰写银行存款询证函；

2.根据实训资料，编制银行存款余额调节表；

3.对会计凭证中存在的问题，进行审计处理和调整；

4.填写审计工作底稿“对银行存款余额调节表的检查”“货币资金收支检查情况表”。

三、实训资料

大连中正注册会计师姜爱军2018年4月14日，审计恒顺公司银行存款业务执行相关实质性程序，以下为部分实质性程序的情况：

1.撰写并寄发了银行存款询证函。

恒顺公司2017年12月31日在工商银行的基本账户中存款余额为897 456.21元；1年期贷款（2017年9月15日借入，期限10个月，年利率5.7%）200 000元、3年期贷款（2016年6月30日借入，期限36个月，年利率6.6%，由中美力公司担保）500 000元；由恒顺公司为出票人的工商行承兑尚未支付的银行承兑汇票贴现（提前40天贴现，到期日2018年1月25日）65 000元。

2.对银行对账单和银行存款日记账进行核对，并编制了银行存款余额调节表。

2018年3月14日公司银行存款日记账余额为200 340.80元，银行对账单余额为244 940.80元。有下列未达账项：

（1）2月10日，银行代付电费5 800元，企业尚未收到银行的付款通知，尚未入账。

（2）2月13日，委托银行代收的外埠货款46 800元，银行收到已经入账，公司未收到银行的收款通知，尚未入账。

（3）2月14日，月末开出转账支票12 100元，银行尚未入账。

（4）2月15日，存入银行的转账支票8 500元，银行尚未入账。

（5）2月16日，银行委托代付的货款32 000元，公司尚未收到银行的收款通知，尚未入账。

3.结合审计重要性水平（银行存款的重要性水平为5 000元）确定抽样的样本量，查阅会计凭证：

发现11月5日和8日兴隆公司的销售业务存在疑问，于是调阅了相关记账凭证，银行存款日记账、银行对账单和会计凭证情况见表6-7至表6-12。

表6-7　　　　银行存款日记账

2017年		凭证编号	摘要	借方（收入）		贷方（支出）		余额（结存）	
月	日			金额	√	金额	√	金额	√
11			承前页					367 892.12	
	3	记5	提现			10 000.00		357 892.12	
	4	记7	李刚宇购料			64 358.90		293 533.22	
	5	记8	收到兴隆公司货款	10 530.00				304 063.22	
	6	记9	缴纳五险			32 658.21		271 405.01	
	7	记10	收到泰山公司定金	50 000.00				321 405.01	
	8	记11	兴隆公司退货			10 530.00		310 875.01	
	9	记12	收到江和公司货款	23 400.00				334 275.01	
			⋮					⋮	

表6-8

记账凭证

2017年11月5日　　　　银收字第8号

摘要	会计科目		借方金额										贷方金额										记账√
	总账科目	明细账科目	千	百	十	万	千	百	十	元	角	分	千	百	十	万	千	百	十	元	角	分	
收到兴隆公司货款	银行存款					1	0	5	3	0	0	0											
	应收账款	兴隆公司																					
																1	0	5	3	0	0	0	
附件1张	合计				¥	1	0	5	3	0	0	0			¥	1	0	5	3	0	0	0	

会计主管：朱一媛　　记账：刘美琪　　出纳：陈新贤　　审计：付梅　　制证：陈新贤

表 6-9

中国工商银行进账单（回单）

1　　　　第　号

2017 年 11 月 5 日

收款人	全　称	大连恒顺环程设备股份有限公司	付款人	全　称	兴隆公司
	账　号	8350010010012		账　号	256200565226701
	开户银行	大连工商行高新分理处		开户银行	工商行新华大道办事处
金额	人民币（大写）壹万零伍佰叁拾元整			千百十万千百十元角分	¥ 1 0 5 3 0 0 0
票据种类	转账支票				
票据张数	1张				
单位主管　会计 复核　记账		中国工商银行 2017.11.05 转账 转讫		出票人开户行盖章	

表 6-10

记账凭证

2017 年 11 月 8 日　　　　银付字第 11 号

摘　要	总账科目	明细账科目	借方千	百	十	万	千	百	十	元	角	分	贷方千	百	十	万	千	百	十	元	角	分	记账 √
支付兴隆公司退货款	主营业务收入					－	9	0	0	0	0	0											
	应交税费	应交增值税（销项税额）				－	1	5	3	0	0	0											
	银行存款														－	1	0	5	3	0	0	0	
附件 2 张	合　计			－	¥	1	0	5	3	0	0	0		－	¥	1	0	5	3	0	0	0	

会计主管：朱一媛　　记账：刘美琪　　出纳：陈新贤　　审计：付梅　　制证：陈新贤

表 6-11

支票存根

中国工商银行

转账支票存根

支票号码：00812226

科　目

对方科目

出票日期：2017.11.08

收款人：	兴隆公司
金　额：	¥10 530.00
用　途：	支付退货款
备　注：	

单位主管：　会计：

复核：　记账：

表6-12　　大连增值税专用发票　　№ 01025044

全国统一发票监制章　大连　国家税务总局监制

开票日期：2017年11月8日

购买方	名　　称：兴隆公司 纳税人识别号：450121168168168 地 址、电 话：大连高新开发区0393-88776666 开户行及账号：工商行新华大道办事处256200565226701				密码区	4>9>58>6>1/36/1+-2+4/6-11-9<98/36584<*>5<230543>2*/+/183<16*++0-15>7.3*<*>7+6+2*4-5/-98+/32404>8-4+028515618	
货物或应税劳务、服务名称	规格型号	单位	数　量	单　价	金　额	税率	税　额
货物					-9 000.00	17%	-1 530.00
合　　计					-9 000.00		-1 530.00
价税合计（大写）	⊗壹万零伍佰叁拾元整				（小写）￥-10 530.00		
销售方	名　　称：大连恒顺环保设备股份有限公司 纳税人识别号：530328292980300 地 址、电 话：大连市工业园区2888号0411-81045083 开户行及账号：工商行大连支行高新分理处8350010010012				备注		

第一联：记账联　销售方记账凭证

收款人：　　复核：　　开票人：陈新贤　　销售方：（章）

在2017年11月至12月的银行对账单中没有查到兴隆公司的收款和退款记录，但是在同一时间银行对账单上有兴隆公司付款记录，没有兴隆公司退款记录；在11月8日有绿园公司同金额转账付款情况记录，而公司的日记账和会计凭证中无此记录。姜爱军向公司财务经理面询兴隆公司和绿园公司情况，财务经理只好说明真情，此笔业务实为公司将兴隆公司货款转为账外资金，为年末发奖金私筹资金。

四、实训方式

本实训采取单人手工实训方式。

五、实训步骤

银行存款常见舞弊行为

1. 熟悉实训资料和审计工作底稿；
2. 根据资料，撰写银行存款询证函；
3. 根据资料，编制银行存款余额调节表；
4. 编写会计分录，调整审查发现的错误；
5. 填写审计工作底稿“对银行存款余额调节表的检查”“货币资金收支检查情况表”；
6. 教师讲评；
7. 撰写个人实训总结。

六、实训工具

审计工作底稿“银行询证函”“对银行存款余额调节表的检查”“货币资金收支检查情况表”电子稿或纸质稿，见表6-13至表6-15。

表6-13 **银行询证函** 索引号：
编 号：

________（银行）：

本公司聘请的______会计师事务所正在对本公司______年度财务报表进行审计，按照中国注册会计师审计准则的要求，应当询证本公司与贵行相关的信息。下列信息出自本公司记录，如与贵行记录相符，请在本函下端“信息证明无误”处签章证明；如有不符，请在“信息不符”处列明不符项目及具体内容；如存在与本公司有关的未列入本函的其他重要信息，也请在“信息不符”处列出其详细资料。回函请直接寄至 会计师事务所。

回函地址：________________________邮编：____________________________

电话：______________________________传真：____________联系人：______

截至______年12月31日止，本公司与贵行相关的信息列示如下：

1.银行存款

账户名称	银行账号	币种	利率	余额	起止日期	是否被质押、用于担保或存在其他使用限制	备注

除上述列示的银行存款外，本公司并无在贵行的其他存款。

注：“起止日期”一栏仅适用于定期存款，如为活期或保证金存款，可只填写“活期”或“保证金”字样。

2.银行借款

借款人名称	币种	本息余额	借款日期	到期日期	利率	借款条件	抵（质）押品/担保人	备注

除上述列示的银行借款外，本公司并无在贵行的其他借款。

注：此项仅函证截至资产负债表日本公司尚未归还的借款。

3.截至函证日之前12个月内注销的账户

账户名称	银行账号	币种	注销账户日

除上述列示的账户外，本公司并无截至函证日之前12个月内在贵行注销的其他账户。

4.委托存款

账户名称	银行账号	借款方	币种	利率	余额	存款起止日期	备注

除上述列示的委托存款外，本公司并无通过贵行办理的其他委托存款。

续表

5. 委托贷款

账户名称	银行账号	资金使用方	币种	利率	本金	利息	贷款起止日期	备注

除上述列示的委托贷款外，本公司并无通过贵行办理的其他委托贷款。

6. 担保

（1）本公司为其他单位提供的、以贵行为担保受益人的担保：

被担保人	担保方式	担保金额	担保期限	担保事由	担保合同编号	被担保人与贵行就担保事项往来的内容（贷款等）	备注

除上述列示的担保外，本公司并无其他以贵行为担保受益人的担保。

注：如采用抵押或质押方式提供担保的，应在备注中说明抵押或质押物情况。

（2）贵行向本公司提供的担保：

被担保人	担保方式	担保金额	担保期限	担保事由	担保合同编号	备注

除上述列示的担保外，本公司并无贵行提供的其他担保。

7. 本公司为出票人且由贵行承兑而尚未支付的银行承兑汇票

银行承兑汇票号码	票面金额	出票日	到期日

除上述列示的银行承兑汇票外，本公司并无由贵行承兑而尚未支付的其他银行承兑汇票。

8. 本公司向贵行已贴现而尚未到期的商业汇票

商业汇票号码	付款人名称	承兑人名称	票面金额	票面利率	出票日	到期日	贴现日	贴现率	贴现净额

除上述列示的商业汇票外，本公司并无向贵行已贴现而尚未到期的其他商业汇票。

9. 本公司为持票人且由贵行托收的商业汇票

商业汇票号码	承兑人名称	票面金额	出票日	到期日

除上述列示的商业汇票外，本公司并无由贵行托收的其他商业汇票。

续表

10.本公司为申请人、由贵行开具的、未履行完毕的不可撤销信用证

信用证号码	受益人	信用证金额	到期日	未使用金额

除上述列示的不可撤销信用证外，本公司并无由贵行开具的、未履行完毕的其他不可撤销信用证。

11.本公司与贵行之间未履行完毕的外汇买卖合约

类别	合约号码	买卖币种	未履行的合约买卖金额	汇率	交收日期
贵行卖予本公司					
本公司卖予贵行					

除上述列示的外汇买卖合约外，本公司并无与贵行之间未履行完毕的其他外汇买卖合约。

12.本公司存放于贵行的有价证券或其他产权文件

有价证券或其他产权文件名称	产权文件编号	数量	金额

除上述列示的有价证券或其他产权文件外，本公司并无存放于贵行的其他有价证券或其他产权文件。

13.其他重大事项

注：此项应填列注册会计师认为重大且应予函证的其他事项，如信托存款等；如无则应填写“不适用”。

（公司盖章）

年 月 日

------以下仅供被询证银行使用------

结论：

1.信息证明无误。	2.信息不符，请列明不符项目及具体内容（对于在本函前述第1项至第13项中漏列的其他重要信息，请列出详细资料）。
（银行盖章） 年 月 日 经办人：	（银行盖章） 年 月 日 经办人：

注：大连中正会计师事务所地址：辽宁省大连市沈阳区金灵街268号；联系电话：0411-87929917；传真：0411-87929709；联系人：王建军。

表 6-14　　**对银行存款余额调节表的检查**

被审计单位：________________　　索引号：________________
项目：银行存款________________　　财务报表截止日/期间：________________
编制：________________　　复核：________________
日期：________________　　日期：________________

开户银行：__________　银行账号：__________　币种：____

项　　目	金额	调节项目说明	是否需要审计调整
银行对账单余额			
加：企业已收，银行尚未入账合计金额			
其中：1.			
2.			
减：企业已付，银行尚未入账合计金额			
其中：1.			
2.			
调节后银行对账单余额			
企业银行存款日记账余额			
加：银行已收，企业尚未入账合计金额			
其中：1.			
2.			
减：银行已付，企业尚未入账合计金额			
其中：1.			
2.			
调节后企业银行存款日记账余额			

经办会计人员（签字）：　　会计主管（签字）：

审计说明：

表 6-15 **货币资金收支检查情况表**

被审计单位：________ 索引号：________
项目：货币资金 财务报表截止日/期间：________
编制：________ 复核：________
日期：________ 日期：________

记账日期	凭证编号	业务内容	对应科目	金额	核对内容（用“√”“×”表示）					备注
					1	2	3	4	5	

核对内容说明： 1.原始凭证是否齐全；2.记账凭证与原始凭证是否相符；3.账务处理是否正确；4.是否记录于恰当的会计期间；5.…

对不符事项的处理：

备注： 当企业规模和业务量较大时，可分库存现金、银行存款、其他货币资金科目分别使用该表，应注意修改索引号。

审计说明：

七、能力进阶

1.在公司银行存款日记账中经常可以看到有同样金额的、一收一支的业务发生，这可能是什么情况？如何查证？

2.如果公司有外汇业务，还应该注意哪些审计事项？如何查证？

项目能力训练

一、单项选择题（下列各题的备选答案中，只有一个是正确的，请将正确答案的字母填在括号内）

1. 一个良好的货币资金内部控制制度应该达到的目标是（　　）。
A. 货币资金收支与记账的岗位分离
B. 当日收入的库存现金次日送存银行
C. 财务专用章和法人章由出纳一人保管
D. 银行对账单一季度核对一次

2. 单位应当严格遵守的银行结算纪律是（　　）。
A. 不准签发没有资金保证的票据或远期支票，套取银行信用
B. 可以签发没有真实交易和债权债务的票据，套取银行资金
C. 可以借用其他单位的银行账户
D. 可以任意占用他人资金

3. 注册会计师在抽取适当样本的收款凭证检查货币资金收入时，以下做法不正确的是（　　）。
A. 检查原始凭证是否为正规的发票和收款收据，要素是否完整，手续是否完备
B. 核对收款凭证与存入银行账户的日期、金额是否相符
C. 核对收款凭证与银行对账单是否相符
D. 核对收款凭证与应付账款明细账的记录是否一致

4. 有关票据及印章的管理，下列说法不正确的是（　　）。
A. 单位应专设支票登记簿进行记录
B. 财务专用章应由专人保管
C. 票据可以不连续编号
D. 按规定需要有关负责人签字或盖章的经济业务，必须严格履行签字或盖章手续

5. 货币资金支付业务中下列说法不正确的是（　　）。
A. 用款时，应提前向审批人提交货币资金支付申请，注明款项的用途、金额、预算、支付方式等内容，并附有效经济合同或相关证明
B. 对不符合规定的货币资金支付申请，审批人有权拒绝批准
C. 批准后的货币资金支付申请，无需复核就可以交出纳人员办理货币资金支付手续
D. 出纳人员应当根据复核无误的支付申请，按规定办理货币资金支付手续，及时登记库存现金和银行存款日记账

6. 对企业库存现金进行监盘时，参加的人员必须是（　　）。
A. 出纳员或会计部门负责人
B. 会计部门负责人或注册会计师
C. 出纳员与注册会计师同时在场
D. 出纳员、会计部门负责人、注册会计师同时在场

7. 库存现金的盘点一般采用的审计程序是（　　）。

A. 通知盘点　　B. 突击盘点　　C. 定期盘点　　D. 无所谓

8. 函证银行存款时，回函应直接寄往的收件人是（　　）。

A. 会计师事务所　　B. 被审计单位

C. 委托人　　D. 被审计单位或会计师事务所

9. 如果在资产负债表日后对库存现金进行监盘，应当根据盘点数、资产负债表日至（　　）的库存现金数，倒推计算资产负债表上所包含的库存现金数是否正确。

A. 审计报告日　　B. 资产负债表日

C. 盘点日　　D. 审计外勤工作结束日

10. 如果注册会计师已从被审计单位的某开户银行获取了银行对账单和所有已付支票清单，该注册会计师应执行的审计程序是（　　）。

A. 不需再向该银行函证

B. 仍需向该银行函证

C. 可根据实际需要，确定是否向该银行函证

D. 可根据审计业务约定书的要求确定是否向该银行函证

二、多项选择题（下列各题的备选答案中，有两个或两个以上的答案是正确的，请将正确答案的字母填在括号内）

1. 货币资金与下列业务循环有关的有（　　）。

A. 销售与收款循环　　B. 生产与存货循环

C. 购货与付款循环　　D. 筹资与投资循环

2. 货币资金审计涉及的凭证和记录有（　　）。

A. 库存现金日记账　　B. 银行对账单

C. 银行存款余额调节表　　D. 银行存款日记账

3. 下列属于货币资金内部控制的有（　　）。

A. 岗位分工及授权批准　　B. 库存现金和银行存款管理

C. 票据及有关印章的管理　　D. 监督检查

4. 下列属于货币资金内部控制的测试有（　　）。

A. 通过编制库存现金、银行存款内部控制流程图了解被审计单位货币资金内部控制情况

B. 抽查适当样本的收付款凭证

C. 抽查一定期间的银行存款余额调节表

D. 抽取一定期间的库存现金日记账与总账核对

5. 为测试银行存款付款内部控制，注册会计师抽查银行付款凭证，应作的检查有（　　）。

A. 检查付款的授权批准手续是否符合规定

B. 核对银行存款日记账的付出金额是否正确

C. 检查付款凭证与银行对账单是否一致

D. 核对付款凭证与相关原始凭证的内容、金额是否相符

6. 函证银行存款余额的目的包括（　　）。

A. 了解企业银行存款是否存在　　B. 了解欠银行的债务

C.发现企业未登记的银行借款　　　　　D.验证库存现金的安全性

7.银行存款函证的对象有（　　）。

A.企业银行存款已结清的银行　　　　　B.信用证保证金存款所在银行

C.外埠存款所在银行　　　　　　　　　D.信用卡存款所在银行

8.下列各项中，符合库存现金监盘要求的有（　　）。

A.盘点人员必须有出纳员、被审计单位会计主管和注册会计师

B.盘点之前应将已办理库存现金收付手续的收付款凭证登记库存现金日记账

C.不同存放地点的库现金应同时进行盘点

D.盘点时间最好选择在企业营业时间的上午上班前或下午下班前进行突击盘点

9.注册会计师寄发的银行询证函，可能存在的情况有（　　）。

A.是以被审计单位的名义发往开户银行的

B.要求银行直接回函至会计师事务所

C.属于积极式询证函

D.包括银行存款和银行借款余额

10.下列审计程序中，属于库存现金、银行存款账户实质性程序的有（　　）。

A.监盘库存现金，编制库存现金监盘表

B.抽查大额库存现金和银行存款收支

C.向开户银行函证银行存款余额

D.抽取银行存款余额调节表并作检查

三、判断题（正确的打“√”，错误的打“×”）

1.为提高工作效率，单位的货币资金业务的全过程可以由一人办理。（　　）

2.单位现金收入应当及时存入银行，不得用于直接支付单位自身的支出。因特殊情况需坐支现金的，应事先报经开户银行审查批准。（　　）

3.单位取得的货币资金收入必须及时入账，不得私设“小金库”，严禁收款不入账。（　　）

4.注册会计师对被审计单位的银行存款内部控制进行控制测试时，没必要抽取一定期间银行存款余额调节表。（　　）

5.注册会计师对被审计单位货币资金内部控制进行控制测试的目的在于确定被审计单位货币资金内部控制的运行是否有效，是否存在重大错报风险，并据以确定在货币资金实质性程序中哪些环节可以适当减少审计程序，哪些环节应增加审计程序。（　　）

6.证实资产负债表中所列示库存现金是否存在的重要程序是监盘库存现金。（　　）

7.被审计单位资产负债表中的库存现金数额，应以盘点日实有数额为准。（　　）

8.被审计单位资产负债表中银行存款数额应以编制或取得银行存款余额调节表日银行存款的数额为准。（　　）

9.函证银行存款的唯一目的是证实银行存款是否真实存在。（　　）

10.在结账日未开出的支票及其后开出的支票，均不得作为结账日的银行存款收付入账。（　　）

项目七

撰写审计报告

实训1　完成审计工作

实训导引

注册会计师在按业务循环完成整个会计报表项目的审计测试和一些特殊项目的审计工作后，应汇总审计测试结果，进行更具综合性的审计工作，如编制审计差异调整表，获取管理层声明书以及完成审计复核等。在此基础上，确定应出具审计报告的意见类型和措辞，进而编制并致送审计报告，终结审计工作。

你需要关注的问题

1.审计结束工作主要包括哪些内容？

2.审计差异有哪几种？是否都需要进行审计调整？如何调整？依据是什么？

3.核算误差和重分类误差的区别是什么？

4.出现审计差异，注册会计师一般均建议被审计单位进行调整，如果被审计单位不同意进行调整，注册会计师应该如何处理？

5.审计后的资产负债表和利润表如何编制？

实训内容

一、实训目的

通过本实训你应该能够：

1.在明确审计目标要求的前提下，执行审计调整及汇总程序；

2.掌握审计差异的种类、调整方法和要点；

3.独立完成审计差异调整及汇总审计工作底稿的填写工作；

4.在注册会计师的指导下，编制审计后的资产负债表试算平衡表、利润表试算平衡表。

二、实训任务

1.根据实训资料，完成审计差异汇总工作；

2.填写审计工作底稿“账项调整分录汇总表”“重分类调整分录汇总表”“列报调整汇总表”“未更正错报汇总表”“资产负债表试算平衡表”“利润表试算平衡表”。

三、实训资料

大连中正会计师事务所审计三部项目二组2018年3月15日结束了对大连恒顺环保设备股份有限公司（以下简称恒顺公司）的财务报表审计证据的搜集工作，回到事务所对审计中发现的各种差错进行审计调整和汇总，以重新评估审计重要性水平和审计风险。该公司所得税税率为25%，法定盈余公积计提比例为10%，任意盈余公积计提比例为5%，城建税税率为5%。项目二组对各业务循环的审计调整分录如下：

1.借：应收账款	117 000	
贷：以前年度损益调整（主营业务收入）		100 000
应交税费——应交增值税（销项税额）		17 000
借：以前年度损益调整（主营业务成本）	86 500	
贷：库存商品		86 500
2.借：以前年度损益调整（管理费用）	32 400	
贷：累计折旧		32 400
3.借：应收账款	23 400	
贷：预收账款		23 400
4.借：以前年度损益调整（管理费用）	18 000	
生产成本	21 500	
贷：其他应付款——社会保险		39 500
5.借：以前年度损益调整（管理费用）	1 200	
生产成本	1 400	
贷：原材料——主要材料		2 600
6.借：生产成本	66 500	
贷：库存商品		66 500
7.借：在建工程	15 000	
贷：以前年度损益调整（财务费用）		15 000
8.借：在建工程	156 000	
贷：固定资产		156 000
9.借：坏账准备	3 500	
贷：以前年度损益调整（资产减值损失）		3 500

10.资产负债表中“长期借款”100 000元，即将于2018年3月31日到期，应划分为“一年内到期的非流动负债”。

恒顺公司2017年审计前资产负债表和利润表见表7-1和表7-2。

表7-1 资产负债表

编制单位：大连恒顺环保设备股份有限公司 2017年12月31日 单位：元

资　　产	期末余额	负债和股东权益	期末余额
流动资产：		**流动负债：**	
货币资金	3 581 890.00	短期借款	147 505.00
以公允价值计量且其变动计入当期损益的金融资产		以公允价值计量且其变动计入当期损益的金融负债	1 800.45
应收票据		应付票据	
应收账款	359 802.00	应付账款	2 492 380.00
预付款项	1 783 300.00	预付款项	6 640 520.00
应收利息		应付职工薪酬	112 576.00
应收股利		应交税费	346 588.70
其他应收款	1 433 430.00	应付利息	11 740.00
存货	13 393 600.00	应付股利	
一年内到期的非流动资产		其他应付款	1 631 400.00
流动资产合计	20 552 022.00	一年内到期的非流动负债	1 580 570.00
非流动资产：		流动负债合计	12 965 080.15
可供出售金融资产	40 476.40	**非流动负债：**	
持有至到期投资		长期借款	2 572 250.00
长期应收款		应付债券	489 110.00
长期股权投资	449 375.00	长期应付款	
投资性房地产		专项应付款	
固定资产	134 875.80	预计负债	3 110.33
在建工程	76 428.20	递延所得税负债	74 899.70
工程物资		其他非流动负债	685.61
固定资产清理		非流动负债合计	3 140 251.64
生产性生物资产		负债合计	16 105 135.79
油气资产		**股东权益：**	
无形资产	33 395.20	股本	2 433 830.55
开发支出		资本公积	578 924.20
商誉		减：库存股	
长期待摊费用	5 296.14	盈余公积	1 358 070.00
递延所得税资产	163 316.00	未分配利润	1 086 743.20
其他非流动资产	107 519.00	股东权益合计	5 457 567.95
非流动资产合计	1 010 681.74		
资产总计	21 562 703.74	负债和股东权益总计	21 562 703.74

表 7-2 利润表

编制单位：大连恒顺环保设备股份有限公司 2017 年 12 月 单位：元

项目	行次	本月数	本年累计数
一、营业收入	（略）		5 371 380.00
减：营业成本			3 104 339.10
税金及附加			612 411.00
销售费用			257 909.00
管理费用			234 637.00
财务费用（收益以“-”号填列）			60 442.80
资产减值损失			54 545.10
加：公允价值变动净收益（净损失以“-”号填列）			-1 505.45
投资收益			70 793.10
二、营业利润（亏损以“-”号填列）			1 116 383.65
加：营业外收入			5 172.00
减：营业外支出			2 495.26
其中：非流动资产处置净损失（净收益以“-”号填列）			-621.18
三、利润总额			1 119 060.39
减：所得税费用			279 765.10
四、净利润			839 295.29

四、实训方式

本实训采用分小组手工实训方式。

五、实训步骤

1. 熟悉实训资料和审计工作底稿；

2. 根据资料，将实训资料中的内容，填写到审计工作底稿“账项调整分录汇总表”“重分类调整分录汇总表”“列报调整汇总表”“未更正错报汇总表”“资产负债表试算平衡表”“利润表试算平衡表”中，完成审计差异汇总工作；

3. 教师讲评；

4. 撰写个人实训总结。

六、实训工具

审计工作底稿“账项调整分录汇总表”“重分类调整分录汇总表”“列报调整汇总表”“未更正错报汇总表”“资产负债表试算平衡表”“利润表试算平衡表”电子稿或纸质稿，见表 7-3 至表 7-8。

表 7-3 账项调整分录汇总表

被审计单位：______ 索引号：EA
项目：账项调整 财务报表截止日/期间：______
编制：______ 复核：______
日期：______ 日期：______

序号	内容及说明	索引号	调整内容和金额				影响利润表+（-）	影响资产负债表+（-）
			借方项目	借方金额	贷方项目	贷方金额		

与被审计单位的沟通：

参加人员：

被审计单位：______

审计项目组：______

被审计单位的意见：______

结论：

是否同意上述审计调整：______

被审计单位授权代表签字：______ 日期：______

表 7-4 重分类调整分录汇总表

被审计单位：______ 索引号：EB
项目：重分类调整 财务报表截止日/期间：______
编制：______ 复核：______
日期：______ 日期：______

序号	内容及说明	索引号	调整项目和金额			
			借方项目	借方金额	贷方项目	贷方金额

与被审计单位的沟通：

参加人员：

被审计单位：______

审计项目组：______

被审计单位的意见：______

结论：

是否同意上述审计调整：______

被审计单位授权代表签字：______ 日期：______

表 7-5　　列报调整汇总表

被审计单位：＿＿＿＿＿＿＿＿　　索引号：EC＿＿＿＿＿＿＿＿
项目：＿＿＿＿＿＿＿＿　　财务报表截止日/期间：＿＿＿＿＿＿＿＿
编制：＿＿＿＿＿＿＿＿　　复核：＿＿＿＿＿＿＿＿
日期：＿＿＿＿＿＿＿＿　　日期：＿＿＿＿＿＿＿＿

一、被审计单位财务报表附注中的漏报项目包括：

二、被审计单位财务报表附注中的错报调整项目包括：

表 7-6　　未更正错报汇总表

被审计单位：＿＿＿＿＿＿＿＿　　索引号：ED＿＿＿＿＿＿＿＿
项目：＿＿＿＿＿＿＿＿　　财务报表截止日/期间：＿＿＿＿＿＿＿＿
编制：＿＿＿＿＿＿＿＿　　复核：＿＿＿＿＿＿＿＿
日期：＿＿＿＿＿＿＿＿　　日期：＿＿＿＿＿＿＿＿

序号	内容及说明	索引号	未调整内容				备注
			借方项目	借方金额	贷方项目	贷方金额	

未更正错报的影响：

项目　　金额　　百分比　　计划百分比

1. 总资产
2. 净资产
3. 销售收入
4. 费用总额
5. 毛利
6. 净利润

结论：

被审计单位授权代表签字：＿＿＿＿＿＿＿＿　日期：＿＿＿＿＿＿

表 7-7

资产负债表试算平衡表

被审计单位：______ 索引号：______
项目：______ 财务报表截止日/期间：______
编制：______ 复核：______
日期：______ 日期：______

项目	期末未审数	账项调整		重分类调整		期末审定数	项目	期末未审数	账项调整		重分类调整		期末审定数
		借方	贷方	借方	贷方				借方	贷方	借方	贷方	
货币资金							短期借款						
以公允价值计量且其变动计入当期损益的金融资产							以公允价值计量且其变动计入当期损益的金融负债						
应收票据							应付票据						
应收账款							应付账款						
预付款项							预收款项						
应收利息							应付职工薪酬						
应收股利							应交税费						
其他应收款							应付利息						
存货							应付股利						
一年内到期的非流动资产							其他应付款						
其他流动资产							一年内到期的非流动负债						
可供出售金融资产							其他流动负债						
持有至到期投资							长期借款						
长期应收款							应付债券						
长期股权投资							长期应付款						
投资性房地产							专项应付款						
固定资产							预计负债						
在建工程							递延所得税负债						
工程物资							其他非流动负债						
固定资产清理							股本						
无形资产							资本公积						
开发支出							盈余公积						
商誉							未分配利润						
长期待摊费用													
递延所得税资产													
其他非流动资产													
合计							合计						

表 7-8　利润表试算平衡表

被审计单位：__________	索引号：ED
项目：__________	财务报表截止日/期间：__________
编制：__________	复核：__________
日期：__________	日期：__________

项　目	未审数	调整金额		审定数	索引号
		借方	贷方		
一、营业收入					
减：营业成本					
税金及附加					
销售费用					
管理费用					
财务费用					
资产减值损失					
加：公允价值变动收益					
投资收益					
二、营业利润					
加：营业外收入					
减：营业外支出					
三、利润总额					
减：所得税费用					
四、净利润					

七、能力进阶

将项目二至项目六相关实训中对恒顺公司审计进行的审计调整进行汇总，并编制审计后的资产负债表和利润表试算平衡表（审计前资产负债表、利润表沿用本实训资料）。

獐子岛之“黑天鹅”

实训2　审计报告的撰写

实训导引

审计报告是审计意见的载体，是注册会计师审计工作的最终成果，在审计理论研究和审计实务方面均受到高度重视。审计报告具有法定证明效力。

你需要关注的问题

1.审计报告有哪些种类？审计意见有哪些种类？表达审计意见的条件和专业术语分别是什么？

2.审计报告的内容包括哪些？不同审计意见的审计报告格式如何？

3.审计外勤工作结束后，还需经过哪些程序才能撰写正式的审计报告？

实训内容

一、实训目的

通过本实训你应该能够：

1.熟悉审计报告编制前要做的准备工作。

2.掌握标准审计报告和各种非标准审计报告的基本格式、措辞要求和确定依据。

3.独立完成对外公布目的审计报告的撰写。

二、实训任务

1.阅读实训资料，判断审计意见类型、选择审计报告格式；

2.撰写审计报告。

三、实训资料

大连中正会计师事务所注册会计师姜爱军等人于2018年3月8日接受大连恒顺环保设备股份有限公司（以下简称恒顺公司）的委托，审计了该公司2017年财务报表。3月18日结束审计工作。除下述事项外，恒顺公司会计报表其他内容均符合企业会计准则和相关会计制度的规定，在所有重大方面公允反映了恒顺公司2017年12月31日的财务状况以及2017年度的经营成果和现金流量情况。注册会计师均已认可。

（1）恒顺公司2017年年末库存商品期末余额少计20万元，影响该年度利润，注册会计师提请该公司调整，但恒顺公司未予接受。

（2）恒顺公司从2017年7月起对库存商品发出计价由先进先出法改为加权平均法，使该年主营业务成本上升30万元，这一变化未在会计报表附注中披露。注册会计师提请该公司披露，但恒顺公司未予以接受。

注册会计师为恒顺公司库存商品核定的重要性水平是40万元。

四、实训方式

本实训采取单人手工实训方式。

五、实训步骤

1.熟悉实训资料；

2.根据资料，判断审计意见类型，并选择审计报告格式、撰写审计报告；

3.教师讲评；

4.撰写个人实训总结。

六、能力进阶

1.如果大连恒顺环保设备股份有限公司对上述事项（1）同意调整，注册会计师应当发表哪种审计意见、审计报告如何撰写？

2. 如果大连恒顺环保设备股份有限公司对上述事项均同意调整，但是注册会计师在审计结束前了解到该公司2018年1月5日因所生产新产品存在严重安全隐患被质监部门叫停，从而导致该公司销售业务严重下滑，并已出现财务危机。此时，注册会计师是否需要在审计报告中提及，如何表达？

项目能力训练

一、单项选择题（下列各题的备选答案中，只有一个是正确的，请将正确答案的字母填在括号内）

1. 审计完成阶段所具有的工作特性是（　　）。

A. 独特　　B. 连续　　C. 综合　　D. 完整

2. 会计师事务所为了确保审计工作质量，应当建立完善的审计工作底稿制度是（　　）。

A. 管理　　B. 分级复核　　C. 检查　　D. 保管

3. 财务报表日至审计报告日之间发生的事项，以及注册会计师在审计报告日后知悉的事实指的是（　　）。

A. 期后事项　　B. 期间事项　　C. 报表日事项　　D. 审计后事项

4. 审计工作底稿的复核要填列的审计工作底稿是（　　）。

A. 审计工作底稿核对　　B. 业务执行复核工作核对

C. 复核工作核对　　D. 执行工作核对

5. 主要用于汇总会计核算中错误的分类导致的审计差异的审计工作底稿是（　　）。

A. 账项调整分录汇总表　　B. 重分类调整分录汇总表

C. 未更正错报汇总表　　D. 已更正错报汇总表

6. 如果无法获取充分、适当的审计证据以作为形成审计意见的基础，但认为未发现的错报（如存在）对财务报表可能产生的影响重大且具有广泛性，注册会计师应当出具的审计报告类型是（　　）。

A. 保留意见　　B. 否定意见　　C. 无法表示意见　　D. 标准意见

7. 在获取充分、适当的审计证据后，如果认为错报单独或汇总起来对财务报表的影响重大且具有广泛性，注册会计师应当发表的审计意见是（　　）。

A. 保留意见　　B. 否定意见　　C. 无法表示意见　　D. 标准意见

8. 在财务报表审计业务中，下列有关书面声明的说法，不正确的是（　　）。

A. 针对财务报表的编制，注册会计师当要求管理层提供书面声明

B. 书面声明应当涵盖审计报告所针对的所有财务报表和期间

C. 书面声明是注册会计师财务报表审计业务中需要获取的必要信息

D. 书面声明为声明书所涉及的事项提供了充分、适当的审计证据

9. 会计政策的选用、会计估计的作出或财务报表的披露不符合适用的会计准则和相关会计制度的规定，虽影响重大，但不至于出具否定意见的审计报告时，注册会计师应出具的审计报告类型是（　　）。

A.保留意见　B.否定意见　C.无法表示意见　D.标准意见

10.注册会计师应对被审计单位的财务报表是否不存在重大错报提供（　　）。

A.绝对保证　B.不能保证　C.相对保证　D.合理保证

二、多项选择题（下列各题的备选答案中，有两个或两个以上的答案是正确的，请将正确答案的字母填在括号内）

1.下列属于审计完成阶段的工作的有（　　）。

A.汇总审计差异　B.复核审计工作底稿

C.评价审计中的重大发现　D.获取管理层声明

2.属于审计工作底稿复核的层次有（　　）两个层次。

A.项目组内部复核　B.项目负责经理的现场复核

C.独立的项目质量控制复核　D.项目合伙人的复核

3.下列属于按是否需要调整账户记录的审计差异的有（　　）。

A.建议调整的不符事项　B.重分类误差

C.核算误差　D.不建议调整的不符事项

4.试算平衡表是注册会计师在被审计单位提供未审财务报表的基础上，以确定已审数与报表披露数，编制时需要考虑的内容有（　　）。

A.调整分录　B.重分类分录

C.管理层声明　D.审计重要性

5.通常注册会计师会将那些建议调整的不符事项、重分类错误以及未调整不符事项分别汇总至的工作底稿有（　　）。

A.账项调整分录汇总表　B.重分类调整分录汇总表

C.未更正错报汇总表　D.审计差异汇总表

6.如果注册会计师无法取得充分、适当的审计证据，应视情况发表的审计报告类型有（　　）。

A.标准意见　B.保留意见　C.无法表示意见　D.否定意见

7.按是否需要调整账户记录分类的审计差异有（　　）。

A.核算误差　B.重分类误差　C.未更正错报　D.已更正错报

8.可以汇总审计差异的审计工作底稿有（　　）。

A.账项调整分录汇总表　B.重分类调整分录汇总表

C.未调整不符事项汇总表　D.审计差异调整表

9.下列属于对审计工作底稿进行独立的项目质量控制复核的意义有（　　）。

A.实施对审计工作结果的最后质量控制

B.确认审计工作已达到会计师事务所的工作标准

C.消除妨碍注册会计师判断的偏见

D.通过在审计现场完成工作底稿复核，及时发现和解决问题，争取审计工作的主动

10.注册会计师与治理层沟通的主要事项有（　　）。

A.注册会计师与财务报表审计相关的责任

B.计划的审计范围和时间安排

C.审计中发现的重大问题

D.注册会计师的独立性

三、判断题（正确的打“√”，错误的打“×”）

1.审计工作底稿是审计证据的载体，是审计报告的基础。（　）

2.项目合伙人对工作底稿的复核属于第一级复核。该级复核通常在审计现场完成，以便及时发现和解决问题，争取审计工作的主动。（　）

3.核算误差是因企业未按有关会计准则、会计制度规定编制会计报表而引起的误差。（　）

4.如果被审计单位管理层不提供审计准则要求的书面声明，注册会计师应当对财务报表发表无法表示意见的审计报告。（　）

5.注册会计师在汇总好审计差异后，对财务报表相关数据进行调整，重新编制审计后的财务报表，包括资产负债表、利润表和现金流量表三个表的试算平衡表。（　）

6.如果被审计单位管理层拒绝提供审计准则要求的书面声明，注册会计师应当出具无法表示意见的审计报告。（　）

7.对于单笔核算误差低于所涉及会计报表项目（或账项）层次重要性水平，无论其性质如何，均应将其视为未调整不符事项。（　）

8.注册会计师出具无法表示意见的审计报告，表明其拒绝接受委托，不愿发表意见。（　）

9.非标准审计报告是指非无保留意见的审计报告。（　）

10.审计报告在签发前，无需与被审计单位针对将要出具的意见类型进行沟通，直接根据注册会计师获取的审计证据和准则的规定出具即可。（　）

项目八

综合实训

实训导引

审计助理在注册会计师审计中发挥着越来越重要的作用，一些基础性的工作有了审计助理的帮助，注册会计师的审计效率得到大大提高，同时也为注册会计师进行更加深入、复杂的审计程序提供了时间和精力。

你需要关注的问题

1.审计助理的工作内容有哪些？

2.审计助理在审计中将接受注册会计师哪些指导与监督？

3.审计助理的素质和技能包括哪些？

实训内容

一、实训目的

通过本实训你应该能够：

1.对财务报表审计工作基本流程有一个较为完整的了解和熟悉；

2.在教师指导下，在小组合作的基础上，进行简单的审计计划编制、组织、协调和执行，完成会计报表基本内容的审计；

3.具备审计助理人员的基本素质和能力。

二、实训任务

北京天华会计师事务所4名注册会计师和2名审计助理，于2018年2月8日对北京超越高温材料有限公司（以下简称超越公司）进行了初步了解，并签订了审计业务约定书；2018年2月14日对超越公司的内部控制制度进行了测试，并制定了抽样审计策略，抽取了一些账簿、凭证样本。

请你以审计助理的身份，协助4位注册会计师完成接受审计委托，并根据账簿、凭证资料，协助他们完成超越公司2017年财务报表的审计工作：

1.接受审计委托，签订审计业务约定书。

2.根据实训资料计算和确定审计重要性水平、审计检查风险水平。

3.制订初步具体审计计划。

4.按小组分工对被审计单位会计资料实施实质性程序：

（1）对库存现金进行盘点，填写“库存现金监盘表”；

（2）对应收账款实施函证程序，选择和书写询证函（假设询证函均得到核对一致的回函）；

（3）对坏账准备的计提进行测试，填写“应收账款坏账准备计算表”；

（4）对按工资总额比例计提的“两项费用”、社会保险进行测试，填写“应付职工薪酬明细表”“应付职工薪酬计提情况检查表”；

（5）对原材料（K12/20.12m钢板、木板条两项）发出计价进行测试，填写“存货计价测试表”；

（6）测试固定资产的增减业务是否正确，填写“固定资产增加检查表”“固定资产减少检查表”；

（7）对固定资产累计折旧的计提进行测试，填写“固定资产及累计折旧审定表”。

5.对审计中发现的会计差错进行调整和汇总，再次评估被审计单位的重要性水平和检查风险，填写“账项调整分录汇总表”“资产负债表试算平衡表”“利润表试算平衡表”。

6.超越公司对于超过审计重要性水平的差错均同意修改，请确定审计意见类型，撰写审计报告。

7.撰写实训总结。

三、实训方式

1.接受审计委托、库存现金盘点采用情景角色模拟实训方式。

2.实质性程序、结束审计工作和撰写审计报告采用小组分工手工实训方式（小组成员4～5人一组为宜）。

四、实训步骤

1.熟悉实训资料和审计工作底稿。

2.根据资料，初步了解客户，接受审计委托，签订审计业务约定书。

3.根据实训资料，初步计算和确定审计重要性水平、审计检查风险水平。

4.制订初步具体审计计划。

5.小组分工协作，对被审计单位会计资料实施实质性程序：

（1）对库存现金进行盘点，填写“库存现金监盘表”；

（2）对应收账款实施函证程序，选择和书写询证函（假设询证函均得到核对一致的回函）；

（3）对坏账准备的计提进行测试，填写“应收账款坏账准备计算表”；

（4）对按工资总额比例计提的“两项费用”、社会保险进行测试，填写“应付职工薪酬明细表”“应付职工薪酬计提情况检查表”；

（5）对原材料（K12/20.12m钢板、木板条）发出计价进行测试，填写“存货计价测试表”；

（6）测试固定资产的增减业务是否正确，填写“固定资产增加检查表”“固定资产减少检查表”；

（7）对固定资产累计折旧的计提进行测试，填写“固定资产及累计折旧审定表”。

6.对审计中发现的会计差错进行调整和汇总，再次评估被审计单位的重要性水平和检查风险，填写“账项调整分录汇总表”“资产负债表试算平衡表”“利润表试算平衡表”。

7.超越公司对于超过审计重要性水平的差错均同意修改，请确定审计意见类型，撰写审计报告。

8.教师讲评。

9.撰写个人实训总结。

五、实训资料

超越公司委托北京天华会计师事务所（以下简称天华事务所）对其2017年度财务报表进行审计，天华事务所通过开展初步业务活动，决定接受超越公司的委托，2017年12月10日双方签订了审计业务约定书，约定2018年4月10日前出具审计报告。

天华事务所根据业务需要组织李慧杰和刘佳宇等6人的审计小组。审计小组于2018年3月8日进超越公司开始工作，2018年3月18日审计小组获取被审计单位管理层声明书，结束审计外勤工作。3月15至20日，项目经理李慧杰和事务所主任会计师张兴欣对审计工作底稿进行了审核，3月21日就审计调整事项和审计报告内容与超越公司交换了意见，超越公司对天华会计师事务所提出的审计调整事项表示均同意调整。天华事务所于2018年3月25日提交审计报告，整理归档，结束审计任务。

1.会计师事务所与被审计单位简介

（1）会计师事务所

北京天华会计师事务所是省十强会计师事务所之一，是一家具有一定规模的有限责任公司；拥有注册会计师50名，其中18名同时具有注册税务师、注册资产评估师、期货证券师资格。事务所主要业务部门设有企业审计业务部3个，税务业务部1个，咨询业务部1个。北京天华会计师事务所除了审计业务操作规范外，还因在为被审计单位提供财务报告审计的同时，常常免费提供管理建议书，使被审计单位不仅会计核算得到规范，并且经营管理和经济效益也得到提升，受到很多企业的认同。北京天华会计师事务所是初次与超越公司合作，事务所人员与超越公司无利益关系，对审计的独立性不存在影响。

北京天华会计师事务所联系方式：

地址：北京市朝阳区北三环268号　　邮政编码：100062

联系电话：010-87929324　　传真：010-87929654

（2）被审计单位

超越公司位于北京市房山区高新技术工业园区208号，占地30亩，工厂建筑面积50 000平方米，是一家集产品生产、加工、销售为一体的高温材料民营综合性企业。公司自1990年3月成立以来，一直致力于铝行业用高温材料及有色铸造行业用除气设备的开发、生产和销售。经过多年的开发研究，并结合国外的先进技术，公司开发了一系列用于铝液除气的除气设备、部件和模具。公司生产的除气设备、部件与过滤袋以其合理的设计，可靠的质量，具有竞争性的价格广泛地运用于铝工业、钢铁工业、玻璃工业。长期以来，公司始终遵循“以市场为导向，以质量求生存，以信誉求发展”的宗旨，不断完善产品的研究和开发，增加产品品种，保证产品质量，完善服务质量，提高公司信誉，深得广大客户的普遍赞誉和青睐。公司以优质的产品及其极具竞争力的价格在众多的客户的大力支持下，得以稳步发展。公司通过北京天华会计师事务所业务员介绍，决定委托该事务所为其审计2017年的财务报表。

2.审计重要性与审计风险水平

天华事务所根据超越公司的生产经营特点，决定采用固定比率的方法来确定审计重要性水平，各项比率为税前净利的6%；资产总额的0.6%；净资产的1%；营业收入的0.6%。审计风险水平为3.5%。

3.内部控制测试结果

2018年2月14日，天华事务所对超越公司进行了内部控制测试，认为该公司内部控制制度较为健全，执行较为有效，可以实施抽样审计。

4.被审计单位所处行业简况

除气设备及其部件是去除铝液中氢气提高铝液精炼效果的铝合金精炼处理的专用设备；过滤袋不仅能控制铝液的流速、流量和温度，还能协助除去铝合金生产过程中产生的杂质、内含物以及铸造前的金属或非金属渣滓。因此，除气设备及其部件、过滤袋均是保证精密压铸行业和铝行业企业提高产品质量，减少次品，降低成本必不可少的生产设备及部件，被广泛地运用于铝制品和精密压铸行业中。近年来，随着世界高载能产业向中国的转移，中国铝产量突飞猛进。在全球铝消费量不断增长和新一轮铝代铜、铝代钢的热潮拉动下，中国目前已成为世界上最大的铝生产和消费国。铝工业以及国内经济的迅猛发展，必然会拉动对除气设备及其部件、过滤袋等可以提高铝制品清洁度的设备需求。高温材料行业面临一个很好的发展机遇。

5.被审计单位法人代表：韩飞

6.被审计单位开户银行

被审计单位开户银行信息见表8-1。

表8-1　被审计单位开户银行信息

银行账户	账号	账户性质
中国工商银行房山分行高新分理处	100381208024119	基本账户
交通银行房山支行高新分理处	1039401022184085	一般账户
交通银行房山支行高新分理处	1029425364301040	专用存款账户
中国建设银行房山分行高新分理处	3459001559004264	专用存款账户

7.被审计单位统一社会信用代码：1023785938709Q

8.公司在房山区国家税务局取得一般纳税人的资格，公司生产的主要产品税率均为17%，公司所得税税率为25%

9.利润分配

公司依法律规定在分配当年税后利润时，按税后利润的10%提取法定盈余公积、5%提取任意盈余公积。经股东会决议，可以提取任意公积金。

10.超越公司营业执照、税务登记证

超越公司营业执照如图8-1所示。

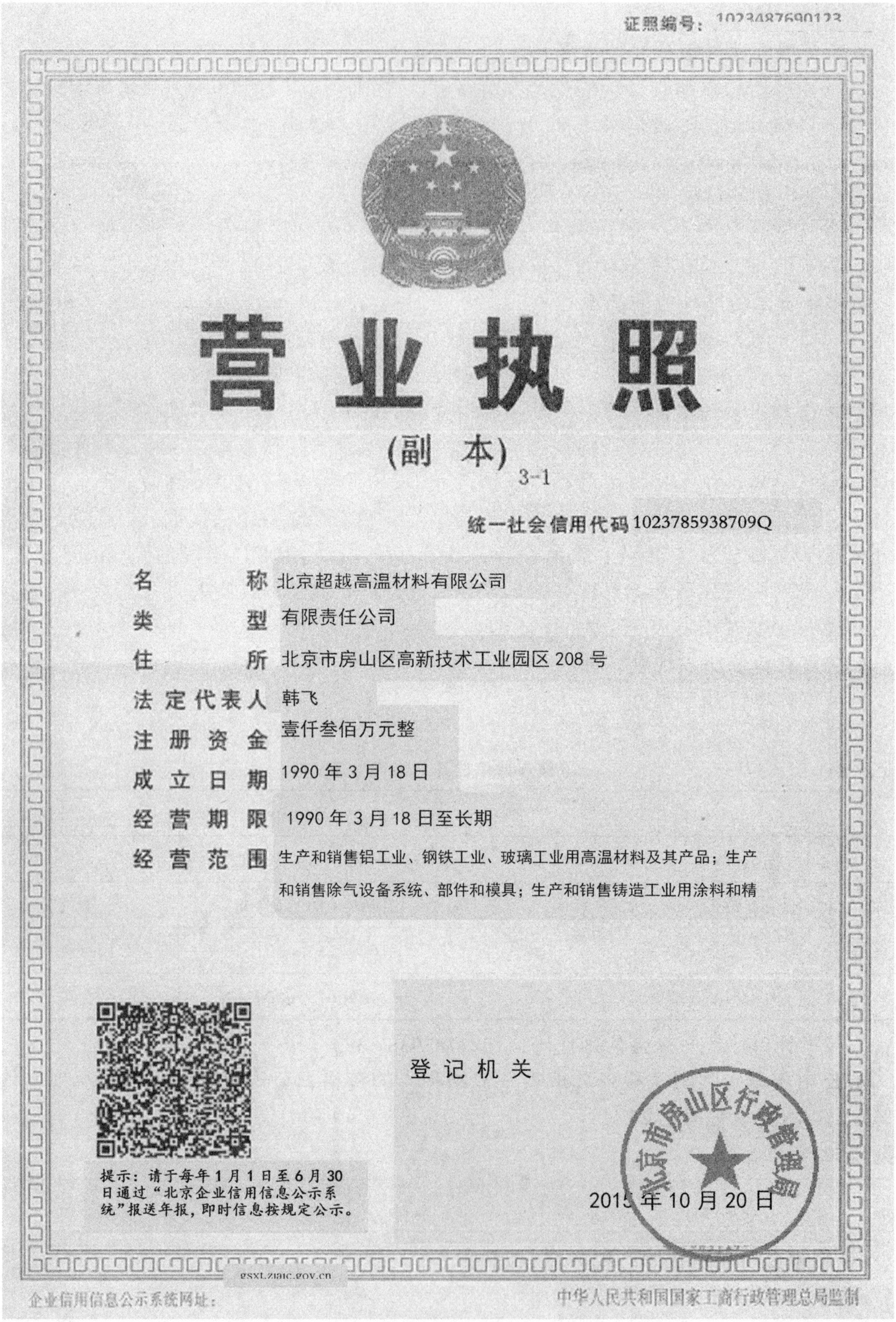

证照编号：1023487690123

营业执照

(副　本)

3-1

统一社会信用代码1023785938709Q

名　　　称　北京超越高温材料有限公司

类　　　型　有限责任公司

住　　　所　北京市房山区高新技术工业园区 208 号

法定代表人　韩飞

注 册 资 金　壹仟叁佰万元整

成 立 日 期　1990 年 3 月 18 日

经 营 期 限　1990 年 3 月 18 日至长期

经 营 范 围　生产和销售铝工业、钢铁工业、玻璃工业用高温材料及其产品；生产和销售除气设备系统、部件和模具；生产和销售铸造工业用涂料和精

登 记 机 关

北京市房山区行政管理局

2015 年 10 月 20 日

提示：请于每年 1 月 1 日至 6 月 30 日通过“北京企业信用信息公示系统”报送年报，即时信息按规定公示。

企业信用信息公示系统网址：gsxt.zjaic.gov.cn

中华人民共和国国家工商行政管理总局监制

图 8-1　北京超越高温材料有限公司营业执照

11.被审计单位组织结构设置及岗位分工

（1）公司组织结构示意图（如图8-2所示）

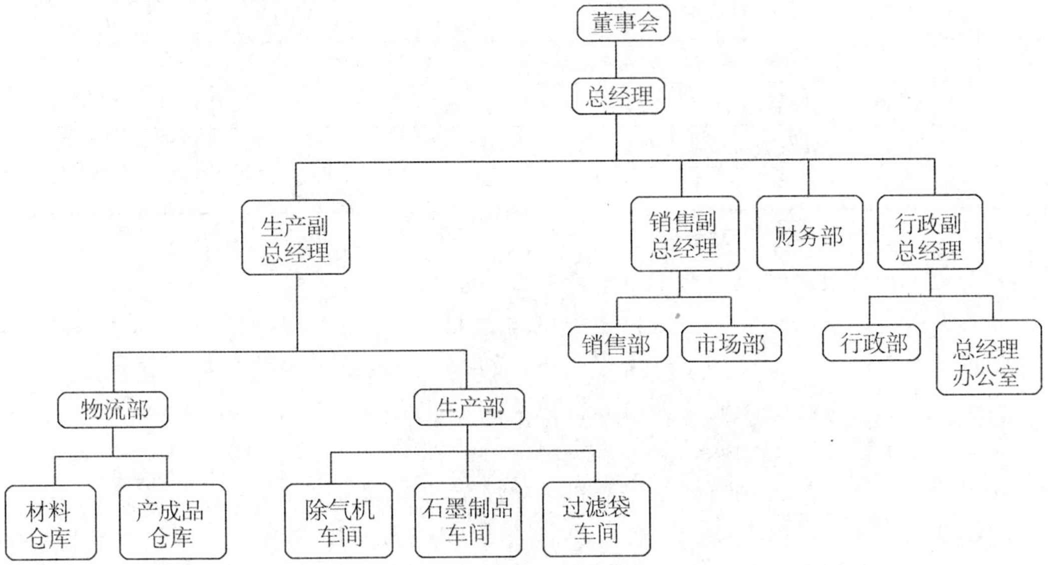

图8-2　公司组织结构图

（2）公司岗位设置

公司现有在册职工500人，其中具有大专以上学历和中等以上专业技术职称的人员共计248名。其中总经理办公室6名、行政部18名、财务部6名、物流部18名、市场部4名、销售部25名、生产部423名。生产部下设除气机、石墨制品、过滤袋三个车间。

各部门主要负责人及岗位工作如下：

周利博为主管物流、采购、生产的副总经理；张威为物流部经理；卢强为市场部经理；汪刚为主管销售的副总经理；江南为财务部经理；陈英为出纳。

（3）财务部门组织结构（如图8-3所示）

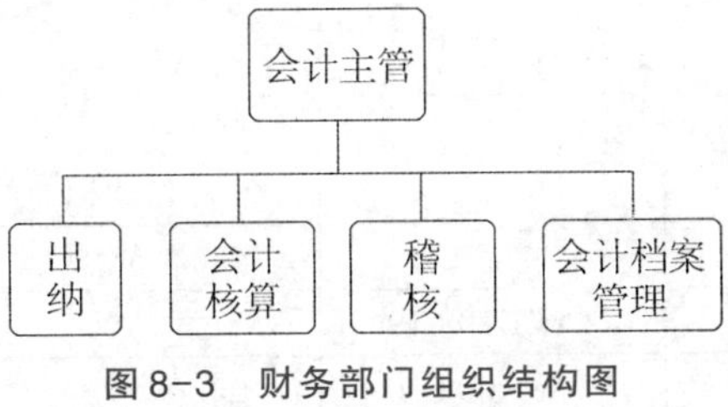

图8-3　财务部门组织结构图

12.被审计单位主要会计政策

（1）坏账准备按照应收账款期末余额的5‰进行计提，采用备抵法对坏账准备进行核算。

（2）存货采用实际成本核算方法，材料、库存商品发出采用加权平均法进行计价，期末存货按成本与市价孰低法对存货成本计提减值准备；低值易耗品于领用时一次摊销计入成本、费用。

（3）固定资产折旧采用分类折旧方式计提，折旧率见表8-2。

表8-2 固定资产折旧表

序号	固定资产分类	折旧年限（年）	年折旧率（%）	净残值率（%）
1	房屋及建筑物	40	2.4	5
2	办公设备	5	20	0
3	机器	5	20	0
4	设备	10	10	0
5	运输工具	5	20	0

（4）“两项费用”和“五险一金”计提比例：

①工会经费按公司职工应付工资总额的2%提取；

②职工教育经费按公司职工应付工资总额的2.5%提取；

③职工养老保险按公司职工应付工资总额的20%提取；

④职工失业保险按公司职工应付工资总额的2%提取；

⑤职工工伤保险按公司职工应付工资总额的1%提取；

⑥职工生育保险按公司育龄职工应付工资总额的0.7%提取；

⑦职工医疗保险按公司职工应付工资总额的8%提取；

⑧离职后福利暂时只有副总经理及以上管理人员享有。

（5）公司所得税税率为25%。

（6）盈余公积计提比例：法定盈余公积按税后利润的10%提取，法定盈余公积累计达到注册资本50%时可不再提取；任意盈余公积由股东会决议确定提取比例，任意盈余公积计提比例为5%。

13.被审计单位2017年资产负债表和利润表

资产负债表和利润表见表8-3和表8-4。

表8-3 资产负债表

编制单位：北京超越高温材料有限公司　2017年12月31日　单位：元

资　产	期末余额	负债和股东权益	期末余额
流动资产：		**流动负债：**	
货币资金	1 486 828.34	短期借款	
以公允价值计量且其变动计入当期损益的金融资产		以公允价值计量且其变动计入当期损益的金融负债	
应收票据		应付票据	
应收账款	1 871 298.19	应付账款	450 960.00
预付款项	85 000.00	预收款项	318 003.40
应收利息		应付职工薪酬	16 870.56
应收股利		应交税费	219 850.68
其他应收款	83 135.18	应付利息	20 450.00
存货	508 198.19	应付股利	390 046.00
一年内到期的非流动资产		其他应付款	99 600.17
流动资产合计	4 034 459.90	一年内到期的非流动负债	
非流动资产：		流动负债合计	1 515 780.81

续表

资 产	期末余额	负债和股东权益	期末余额
可供出售金融资产		**非流动负债：**	
持有至到期投资		长期借款	1 400 000.00
长期应收款		应付债券	
长期股权投资		长期应付款	
投资性房地产		专项应付款	
固定资产	11 544 600.00	预计负债	
在建工程	3 839 757.19	递延所得税负债	
工程物资		其他非流动负债	
固定资产清理		非流动负债合计	1 400 000.00
待处理财产损溢	28 962.28	负债合计	2 915 780.81
无形资产	1 184 106.52	**股东权益：**	
开发支出		股本	14 500 000.00
商誉		资本公积	214 453.77
长期待摊费用		减：库存股	
递延所得税资产		盈余公积	493 247.85
其他非流动资产		未分配利润	2 508 403.46
非流动资产合计	16 597 425.99	股东权益合计	17 716 105.08
资产总计	20 631 885.89	负债和股东权益总计	20 631 885.89

注：本年度所有资产均未发生减值。

表 8-4　　**利润表**

编制单位：北京超越高温材料有限公司　　2017年12月　　单位：元

项目	行次	本月数	本年累计数
一、营业收入	（略）		8 850 100.00
减：营业成本			3 654 250.95
税金及附加			493 996.80
销售费用			232 654.37
管理费用			2 374 508.64
财务费用（收益以“-”号填列）			637 021.50
资产减值损失			100 841.86
加：公允价值变动收益（损失以“-”号填列）			
投资收益			
二、营业利润（亏损以“-”号填列）			1 356 825.88
加：营业外收入			63 289.70
减：营业外支出			7 120.54
其中：非流动资产处置净损失（净收益以“-”号填列）			
三、利润总额			1 412 995.04
减：所得税费用			353 248.76
四、净利润			1 059 746.28

14.库存现金盘点情况

2018年3月15日天华事务所注册会计师对超越公司的库存现金进行了监盘，结果如下：

（1）库存现金实有数为：壹佰元币共13张，伍拾元币共16张，拾元币共9张，伍元币共10张，贰元币共14张，壹元币共17张，共计2 285元。

（2）在盘点库存现金时，发现以下凭证尚未登记账簿：

①办公室2017年12月10日购买办公用品发票一张，金额205元，没有入账；

②设备管理部李卫2017年12月28日未经批准的借据一张，计580元尚未入账（后经询问李长江，其未曾借过此笔款项，实为出纳挪用）；

③销售员齐静2017年12月15日，经批准的营销会议费借据一张，计280元尚未入账；

④总经理办公室发送公函邮寄费100元发票一张，尚未入账，日期是2018年1月5日。

（3）公司2018年1月1日至1月23日账簿记录发生的现金收入总额为32 246元，现金支出总额为30 312.95元。

（4）银行为企业核定的现金库存限额为2 000元，库存现金日记账2018年1月23日余额为3 450.00元。

15.被审计单位2017年会计账簿样本资料

（1）总账账簿

总分类账见表8-5至表8-7。

总页 | 分页

表8-5 **总分类账**

会计科目 **库存现金**

2017年		凭证编号	摘要	借方		贷方		借或贷	余额	
月	日			金额	√	金额	√		金额	√
1			上年结转					借		
			⋮						⋮	
12	1		月初余额					借	1 084.11	
	31	科汇1	1-156号汇总	206 444.48		206 011.64		借	1 516.95	
	31		本月合计	206 444.48		206 011.64		借	1 516.95	
			本年累计	2 477 333.76		2 476 900.92		借	1 516.95	
			⋮						⋮	

总页 | 分页

表8-6 **总分类账**

会计科目 **应收账款**

2017年		凭证编号	摘要	借方		贷方		借或贷	余额	
月	日			金额	√	金额	√		金额	√
1			上年结转					借	3 472 260.00	
			⋮						⋮	
12	31	科汇2	1-156号汇总	537 723.40		860 661.40		借	1 880 631.30	
	31		本月合计	537 723.40		860 661.40		借	1 880 631.30	
			本年累计	5 914 957.40		7 506 586.10		借	1 880 631.30	
			⋮						⋮	

总页 分页
会计科目 坏账准备

表 8-7 总分类账

2017年		凭证编号	摘要	借方		贷方		借或贷	余额	
月	日			金额	√	金额	√		金额	√
1			上年结转					贷	17 361.30	
			⋮						⋮	
12	31	科汇3	1-156号汇总	108 000.00		100 041.86		贷	9 403.16	
	31		本月合计	108 000.00		100 041.86		贷	9 403.16	
			本年累计	108 000.00		100 041.86		贷	9 403.16	
			⋮						⋮	

（2）明细账

明细分类账见表8-8至表8-18。

总页 分页
会计科目 应收账款
明细科目 康泰铝业

表 8-8 明细账

2017年		凭证编号	摘要	借方		贷方		借或贷	余额	
月	日			金额	√	金额	√		金额	√
1			上年结转					借	21 000.00	
	15	记60	收到购货款项			46 700.00				
	30	记93	销售产品	35 006.00				借	9 306.00	
	31		本月合计	35 006.00		46 700.00		借	9 306.00	
2	15	记72	收到购货款项			31 050.00				
	28	记100	销售产品	45 800.00				借	24 056.00	
	28		本月合计	45 800.00		31 050.00		借	24 056.00	
3	12	记56	销售产品	9 000.00						
	29	记89	收到购货款项			56 800.00		贷	23 744.00	
	31		本月合计	9 000.00		56 800.00		贷	23 744.00	
4	15	记54	销售产品	18 000.00						
	30	记92	销售产品	10 200.00				借	4 456.00	
	30		本月合计	28 200.00				借	4 456.00	
5	14	记89	收到购货款项			45 000.00				
	29	记121	销售产品	56 086.00						
	31		本月合计	56 086.00		45 000.00		借	15 542.00	
6	13	记49	收到购货款项			30 000.00				
	25	记109	销售产品	20 480.00						
	30		本月合计	20 480.00		30 000.00		借	6 022.00	
7	10	记38	收到购货款项			26 000.00				
	25	记76	销售产品	28 800.00						
	31		本月合计	28 800.00		26 000.00		借	8 822.00	
8	12	记32	收到购货款项			35 600.00				
	30	记104	销售产品	48 000.00				借	21 222.00	
	31		本月合计	48 000.00		35 600.00		借	21 222.00	
9	8	记22	收到购货款项			35 000.00				
	15	记65	销售产品	25 000.00						
	23	记88	收到购货款项			30 000.00				
	29	记116	销售产品	50 000.00				借	31 222.00	
	30		本月合计	75 000.00		65 000.00		借	31 222.00	
10	10	记36	销售产品	35 600.00						
	22	记72	收到购货款项			70 000.00				
	30	记129	销售产品	42 802.00				借	39 624.00	
	31		本月合计	78 402.00		70 000.00		借	39 624.00	
11	16	记67	收到购货款项			49 400.00				
	30	记116	销售产品	58 073.30						
	30		本月合计	58 073.30				借	48 297.30	
12	5	记12	收到购货款项			48 297.30				
	31		本月合计			48 297.30		平	0	
			本年累计	482 847.30		503 847.30		平	0	
			⋮						⋮	

总页		分页	

会计科目　应收账款

明细科目　华能铝制品

表8-9　　明细账

2017年		凭证编号	摘要	借方		贷方		借或贷	余额	
月	日			金额	√	金额	√		金额	√
1			上年结转					借	39 440.70	
2	10	记89	收到余款			39 440.70				
			本月合计			39 440.70		平	0	
5	16	记66	预收定金			40 000.00				
	28	记99	销售产品	64 268.20				借	24 268.20	
			本月合计	64 268.20		40 000.00		借	24 268.20	
6	28	记102	收到余款			24 268.20				
			本月合计			24 268.20		平	0	
8	3	记24	预收定金			40 000.00				
	20	记58	销售产品	64 268.20				借	24 268.20	
			本月合计	64 268.20		40 000.00		借	24 268.20	
10	10	记38	收到余款			24 268.20				
			本月合计			24 268.20		平	0	
11	28	记94	预收定金			40 000.00				
			本月合计			40 000.00		贷	40 000.00	
12	10	记42	销售产品	64 268.20				借	24 268.20	
			本月合计	64 268.20				借	24 268.20	
			本年累计	192 804.60		207 977.10		借	24 268.20	
			⋮						⋮	

总页		分页	

会计科目　应收账款

明细科目　浙江美铝

表8-10　　明细账

2017年		凭证编号	摘要	借方		贷方		借或贷	余额	
月	日			金额	√	金额	√		金额	√
1			上年结转					借	156 846.20	

备注：浙江美铝的应收账款为2016年2月26日所欠货款，欠款原因为超越公司除气机质量不合格，但销售合同中未就某个关键部位质量作出明文约定，超越公司按行业标准制作，浙江美铝不予接受。截至2016年12月31日，经法院裁定超越公司承担20%责任，将于2017年执行。但浙江美铝已濒临破产。

总页		分页	

会计科目　**应收账款**

明细科目　**黑贝铝业**

表 8-11　　明细账

2017年		凭证编号	摘要	借方		贷方		借或贷	余额	
月	日			金额	√	金额	√		金额	√
12	25	记102	销售除气机	140 400.00				借	140 400.00	
			本月合计	140 400.00				借	140 400.00	
			本年累计	140 400.00				借	140 400.00	
			⋮						⋮	

总页		分页	

会计科目　**应收账款**

明细科目　**河北旺铝**

表 8-12　　明细账

2017年		凭证编号	摘要	借方		贷方		借或贷	余额	
月	日			金额	√	金额	√		金额	√
1			上年结转					借	21 340.00	
	5	记28	收到欠款			21 340.00				
	20	记68	销售产品	421 200.00				借	421 200.00	
			本月合计	421 200.00		21 340.00		借	421 200.00	
3	10	记36	收到欠款			421 200.00				
	25	记66	销售产品	502 344.00				借	502 344.00	
			本月合计	502 344.00		421 200.00		借	502 344.00	
5	14	记42	收到欠款			502 344.00				
	20	记55	销售产品	421 200.00				借	421 200.00	
			本月合计	421 200.00		502 344.00		借	421 200.00	
7	8	记21	收到欠款			421 200.00				
			本月合计			421 200.00		平	0	
8	12	记33	销售产品	534 678.00						
			本月合计	534 678.00				借	534 678.00	
10	8	记18	收到欠款			534 678.00				
	30	记91	销售产品	421 200.00				借	421 200.00	
			本月合计	421 200.00		534 678.00		借	421 200.00	
12	2	记11	收到欠款			421 200.00				
	26	记101	销售产品	534 678.00				借	534 678.00	
			本月合计	534 678.00		421 200.00		借	534 678.00	
			本年累计	2 835 300.00		2 321 962.00		借	534 678.00	
			⋮						⋮	

总页		分页	

会计科目　**坏账准备**

明细科目　**应收账款提取的坏账准备**

表 8-13

明细账

2017年		凭证编号	摘要	借方		贷方		借或贷	余额	
月	日			金额	√	金额	√		金额	√
1			上年结转					贷	17 136.30	
12	26	记84	结转无法收回货款	108 000.00				借	90 863.70	
	31	记129	计提坏账准备			100 196.81		贷	9 333.11	
	31		本年合计	108 000.00		100 196.81		贷	9 333.11	
			⋮						⋮	

表 8-14

存货明细账

总页		分页	

规格　**1200*2500**

单位　**m2**

最高存量　　**最低存量**

会计科目　**原材料**

明细科目　**品名K12/20.12m钢板**

2017年		凭证编号	摘要	借方				贷方				余额			
月	日			数量	单价	金额	√	数量	单价	金额	√	数量	单价	金额	√
1			月初余额									24	770.50	18 492.00	
	31	记101	生产领用					12	770.30	9 243.60					
			本月合计					12	770.30	9 243.60		12	770.70	9 248.40	
2	28	记103	购入	70	771.20	53 984.00									
		记122	生产领用					9	770.90	6 938.10					
			本月合计	70	771.20	53 984.00		9		6 938.10		73	771.15	56 294.30	
3	31	记114	生产领用					15	771.00	11 565.00					
			本月合计					15		11 565.00		58	771.19	44 729.30	
4	30	记112	生产领用					12	771.00	9 252.00					
			本月合计					12		9 252.00		46	771.25	35 477.30	
5	31	记118	生产领用					9	771.00	6 939.00					
			本月合计					9		6 939.00		37	771.35	28 538.30	
6	30	记110	生产领用					15	771.30	11 569.50					
			本月合计					15		11 569.50		22	771.31	16 968.80	
7	10	记66	购入	90	771.50	69 435.00									
	31	记115	生产领用					15	771.50	11 572.50					
			本月合计	90		69 435.00		15		11 572.50		97	771.46	74 831.30	
8	31	记110	生产领用					15	771.50	11 572.50					
			本月合计					15		11 572.50		82	771.45	63 258.80	
9	30	记112	生产领用					12	771.40	9 256.80					
			本月合计					12		9 256.80		70	771.46	54 002.00	
10	31	记108	生产领用					12	771.45	9 257.40					
			本月合计					12		9 257.40		58	771.46	44 744.60	
11	30	记107	生产领用					15	771.45	11 571.75					
			本月合计					15		11 571.75		43	771.46	33 172.85	
12	31	记108	盘亏					3	771.50	2 314.50					
	31	记118	生产领用					15	771.50	11 572.50					
	31		本月合计					18		13 887.00		25		19 285.85	
			本年累计	160		123 419.00		159		122 625.15		25		19 285.85	
			⋮											⋮	

表 8-15　　　　存货明细账

总页		分页	

规格 120*20　　　　　　　　会计科目 原材料
单位 米　　最高存量　　最低存量　　明细科目 木板条

2017年		凭证编号	摘要	借方				贷方				余额			
月	日			数量	单价	金额	√	数量	单价	金额	√	数量	单价	金额	√
1			上年结转									60	8.45	507.00	
	31	记101	生产领用					22	8.45	185.90					
			本月合计					22		185.90		38	8.45	321.10	
2		记122	生产领用					19	8.45	160.55					
			本月合计					19		160.55		19	8.45	160.55	
3		记68	购入	100	8.42	842.00									
		记114	生产领用					21	8.43	177.03					
			本月合计	100		842.00		21		177.03		98	8.42	825.52	
4		记112	生产领用					17	8.43	143.31					
			本月合计					17		143.31		81	8.42	682.21	
5		记118	生产领用					16	8.43	134.88					
			本月合计					16		134.88		65	8.42	547.33	
6		记109	生产领用					16	8.43	134.88					
			本月合计					16		134.88		49	8.42	412.45	
7		记66	购入	50	8.44	422.00									
		记115	生产领用					17	8.43	143.31					
			本月合计	50		422.00		17		143.31		82	8.43	691.14	
8		记110	生产领用					17	8.43	143.31					
			本月合计					17		143.31		65	8.43	547.83	
9		记112	生产领用					18	8.43	151.74					
			本月合计					18		151.74		47	8.43	396.09	
10		记108	生产领用					18	8.43	151.74					
			本月合计					18		151.74		29	8.43	244.35	
11		记62	购入	70	8.40	588.00									
		记107	生产领用					17	8.43	143.31					
			本月合计					17		143.31		82	8.41	689.04	
12		记118	生产领用					17	8.43	143.31					
			本月合计					17		143.31		65	8.40	545.73	
			本年累计	220		1 852.00		215		1 813.27		65	8.40	545.73	
			⋮											⋮	

总页		分页	

会计科目 **固定资产**
明细科目 **办公设备**

表8-16 **明细账**

2017年		凭证编号	摘要	借方		贷方		借或贷	余额	
月	日			金额	√	金额	√		金额	√
1			上年结转					借	1 124 323.00	
3	12	记28	购入会议台椅等	5 150.00						
	26	记59	购入发电机3台	18 540.00						
			本月合计	23 690.00				借	1 148 013.00	
5	18	记38	购入激光打印机	17 400.00						
			本月合计	17 400.00				借	1 165 413.00	
9	22	记45	购入笔记本电脑	72 540.00						
			本月合计	72 540.00				借	1 237 953.00	
12	27	记87	购打印机等	2 393.16						
			本月合计	2 393.16				借	1 240 346.16	
			本年累计	116 023.16				借	1 240 346.16	
			⋮						⋮	

总页		分页	

会计科目 **累计折旧**
明细科目 **办公设备**

表8-17 **明细账**

2017年		凭证编号	摘要	借方		贷方		借或贷	余额	
月	日			金额	√	金额	√		金额	√
1	1		上年结转					贷	401 075.18	
	31	记98	计提			13 885.53				
2	29	记102	计提			13 885.53				
3	31	记104	计提			13 885.53				
4	30	记97	计提			14 334.55				
5	31	记112	计提			14 334.55				
6	30	记110	计提			17 153.35				
7	31	记109	计提			17 153.35				
8	31	记108	计提			17 153.35				
9	30	记113	计提			17 153.35				
10	31	记114	计提			19 568.93				
11	30	记113	计提			19 568.93				
12	31	记117	计提			19 568.93		贷	598 721.06	
			本年累计			197 645.88		贷	598 721.06	
			⋮						⋮	

表 8-18　　应付职工薪酬明细情况表

项目名称	期初数	本期增加	本期减少	期末数	备注
1.工资		1 687 232.72	1 686 466.34	766.38	
2.奖金		169 345.00	169 345.00		
3.津贴					
4.补贴					
5.职工福利	75 170.06	226 920.98	213 986.84	88 104.20	
6.社会保险费					
（1）医疗保险费		131 132.54	131 132.54		
（2）设定提存计划——养老保险费		327 831.34	327 831.34		
（3）失业保险费		32 783.13	32 783.13		
（4）工伤保险费		16 391.57	16 391.57		
（5）生育保险费		27 865.64	27 865.64		
7.住房公积金					
8.工会经费		32 783.13	32 783.13		
9.职工教育经费		24 587.35	24 587.35		
10.非货币性福利					
11.辞退福利					
12.离职后福利		8 349.00		8 349.00	
13.利润分享计划					
14.其他长期职工福利					
合计	75 170.06	2 685 222.40	2 663 172.88	97 219.58	

注：假设所涉及产品均于年度内销售。

16.被审计单位2017年会计凭证抽样审查资料（见表8-19至表8-48）

表 8-19

记账凭证

2017 年 3 月 12 日　　银付字第 122 号

摘　要	会计科目		借方金额										贷方金额										记账
	总账科目	明细账科目	千	百	十	万	千	百	十	元	角	分	千	百	十	万	千	百	十	元	角	分	√
购买会议室桌椅一套	固定资产	办公设备					5	1	5	0	0	0											
	应交税费	应交增值税（进项税额）						8	7	5	5	0											
	银行存款																6	0	2	5	5	0	
附件 4 张	合　计					¥	6	0	2	5	5	0				¥	6	0	2	5	5	0	

会计主管：郭琳玉　　记账：程仁福　　出纳：陈英　　审计：郭华　　制证：陈英

表8-20

费用报销单

填报日期 2017年3月12日

部　门	物流部	姓名	何杰坤
报　销 事　由	购买会议桌椅、屏风一套		
报销单据3张合计金额（大写）陆仟零贰拾伍元伍角整		（小写）￥6 025.50	
单位主管	韩飞	部门主管	周利博

会计主管：郭琳玉　　审核：郭华　　出纳：陈英　　填报人：何杰坤

表8-21

中国工商银行进账单（回单）　1

第020号

2017年3月10日

汇款人	全　称	北京超越高温材料有限公司	收款人	全　称	杭州时尚家居公司
	账　号	100381208024119		账　号	00300198120801
	开户银行	工商行房山支行高新分理处		开户银行	工商行杭州开发区办事处

金额	人民币（大写）	千	百	十	万	千	百	十	元	角	分
	陆仟零贰拾伍元伍角整				￥	6	0	2	5	5	0

票据种类	网上银行回单
票据张数	1张
单位主管　会计	
复核　记账	

中国工商银行
2017.03.10
转　账
转讫

出票人开户行盖章

表8-22

网上银行电子回电

中国工商银行　网上银行电子回单

电子回单号码：0012387690329108

回单类型		支付货款	指令序号	HFG000001094370201
付款人	户名	北京超越高温材料有限公司	收款人（B2C网站或C2C网站或收款人名称）	杭州时尚家居公司
	卡（账）号	100381208024119		
金额		人民币（大写）陆仟零贰拾伍元伍角整　（小写）￥6 025.50		
订单号		201703100345	交易时间	2017年3月9日16：32：45
商品名		会议桌椅	时间戳	2017-03-10-10：12：4618764
		验证码 TTp18tg7nm6TdeZbnJuIh78BklO0pkfd=		
记账网点		002890	记账柜员	0000000014
记账日期		2017年3月9日		

中国工商银行
电子回单
专用章

表 8-23

浙江增值税专用发票

№ 02083022

（全国统一发票监制章　浙江　国家税务总局监制）

发　票　联

45000012345

开票日期：2017年3月10日

购买方	名　　称：北京超越高温材料有限公司 纳税人识别号：1023785938709Q 地　址、电　话：北京市房山区高新技术工业园区208号010-8348390 开户行及账号：工商行房山支行高新分理处100381208024119				密码区	-1/489<97+-41*/2**+772-*9 ><644510380-<-<>501<*+2/ 84+6<+4<439<7/1//6>752<96+ *+7329*-/<266710798->>+< 1206*>4440	
货物或应税劳务、服务名称	规格型号	单位	数　量	单　价	金　额	税率	税　额
会议桌椅、屏风		套		5 150.00	5 150.00	17%	875.50
合　　计					5 150.00		875.50
价税合计（大写）	⊗陆仟零贰拾伍元伍角整				（小写）￥6 025.50		
销售方	名　　称：杭州时尚家居公司 纳税人识别号：20531456464052 地　址、电　话：杭州高新开发区 0571-87756213 开户行及账号：工商行杭州开发区办理处00300198120801				备注	（杭州时尚家居公司　20531456464052　发票专用章）	

第三联：发票联　购买方记账凭证

收款人：　　复核：　　开票人：李广　　销售方：（章）

注：经进一步审查，会议桌椅和屏风实为5位部门经理更换办公桌椅。

表 8-24

记账凭证

2017年3月26日　　银付字第124号

摘　要	会计科目		借方金额										贷方金额										记账
	总账科目	明细账科目	千	百	十	万	千	百	十	元	角	分	千	百	十	万	千	百	十	元	角	分	√
购买3台电动机	固定资产	办公设备				1	8	5	4	0	0	0											
	应交税费	应交增值税（进项税额）					3	1	5	1	8	0											
	银行存款															2	1	6	9	1	8	0	
附件4张	合　计				￥	2	1	6	9	1	8	0			￥	2	1	6	9	1	8	0	

会计主管：郭琳玉　　记账：程仁福　　出纳：陈英　　审计：郭华　　制证：陈英

表 8-25

费用报销单

填报日期2017年3月26日

部门	物流部	姓名	何杰坤
报销事由	购买电动机3台		
报销单据3张合计金额（大写）贰万壹仟陆佰玖拾壹元捌角整　　（小写）¥ 21 691.80			
单位主管	韩飞	部门主管	周利博

会计主管：郭琳玉　　审核：郭华　　出纳：陈英　　填报人：何杰坤

表 8-26

中国工商银行北京分行进账单（回单）

1　　第　号

2017年3月24日

汇款人	全　称	北京超越高温材料有限公司	收款人	全　称	北京宇通机电公司
	账　号	100381208024119		账　号	192358206263
	开户银行	工商行房山支行高新分理处		开户银行	中行大兴办事处

金额	千	百	十	万	千	百	十	元	角	分
人民币（大写）贰万壹仟陆佰玖拾壹元捌角整			¥	2	1	6	9	1	8	0

票据种类	转账支票	中国工商银行 2017.03.24 转账 转讫
票据张数	1张	
单位主管　　会计 复核　　记账		出票人开户行盖章

表 8-27　　支票存根

中国工商银行

转账支票存根

支票号码：00812237

科　　目

对方科目

出票日期：2017.03.24

收款人：	北京宇通机电公司
金　额：	¥21 691.80
用　途：	货款
备　注：	

单位主管：　　会计：

复核：　　记账：

表 8-28

北京增值税专用发票

№ 02083021

发　票　联

（印章：全国统一发票监制章　北京　国家税务总局监制）

45000012345　　　　开票日期：2017年3月20日

购买方	名　　称：北京超越高温材料有限公司 纳税人识别号：1023785938709Q 地 址、电 话：北京市房山区高新技术工业园区208号010-83483907 开户行及账号：工商行房山支行高新分理处100381208024119			密码区	03*306/*20*182*2>->8918 93247*8>45>*7+78/2-1>4* 3/489-+185817><>1438<67> 9/0><*1721/46-89+770/7013 79306*92/7+5447		
货物或应税劳务、服务名称	规格型号	单位	数　量	单　价	金　额	税率	税 额
电动机		台	3	6 180.00	18 540.00	17%	3 151.80
合　计					18 540.00		3 151.80
价税合计（大写）	⊗贰万壹仟陆佰玖拾壹元捌角整				（小写）￥21 691.80		
销售方	名　　称：北京宇通机电公司 纳税人识别号：562463240534123 地 址、电 话：大兴区高新开发区010-87627513 开户行及账号：中行大兴办事处192358206263			备注	（印章：北京宇通机电公司 562463240534123 发票专用章）		

收款人：　　　复核：　　　开票人：金建　　　销售方：（章）

第三联：发票联　购买方记账凭证

注：电动机为车间设备备件，尚未领用。

表 8-29

记账凭证

2017 年 5 月 18 日　　　　银付字第 98 号

摘　要	总账科目	明细账科目	借方千	借方百	借方十	借方万	借方千	借方百	借方十	借方元	借方角	借方分	贷方千	贷方百	贷方十	贷方万	贷方千	贷方百	贷方十	贷方元	贷方角	贷方分	记账√
购佳能激光打印机10台	固定资产					1	7	4	0	0	0	0											
	应交税费	应交增值税（进项税额）					2	9	5	8	0	0											
	银行存款															2	0	3	5	8	0	0	
附件 5 张	合　计				￥	2	0	3	5	8	0	0			￥	2	0	3	5	8	0	0	

会计主管：郭琳玉　　记账：程仁福　　出纳：陈英　　审计：郭华　　制证：陈英

表 8-30

费用报销单

填报日期2017年5月18日

部门	物流部	姓名	何杰坤
报销事由	购买Canon激光打印机10台		
报销单据3张　合计金额（大写）贰万零叁佰伍拾捌元整			（小写）￥20 358.00
单位主管	韩飞	部门主管	周利博

会计主管：郭琳玉　　审核：郭华　　出纳：陈英　　填报人：何杰坤

表 8-31

中国工商银行北京分行进账单（回单）

1　　第067号

2017年5月16日

汇款人	全称	北京超越高温材料有限公司	收款人	全称	北京冰蓝电脑公司
	账号	100381208024119		账号	863219023562
	开户银行	工商行房山支行高新分理处		开户银行	中行朝阳办事处

金额	人民币（大写）贰万零叁佰伍拾捌元整	千	百	十	万	千	百	十	元	角	分
				￥	2	0	3	5	8	0	0

票据种类	转账支票	中国工商银行 2017.05.16 转账 转讫 出票人开户行盖章
票据张数	1张	
单位主管　会计		
复核　记账		

表 8-32　　支票存根

中国工商银行

转账支票存根

支票号码：00812238

科　　目

对方科目

出票日期：2017.05.16

收款人：	北京冰蓝电脑公司
金　额：	￥20 358.00
用　途：	货款
备　注：	

单位主管：　会计：

复核：　记账：

表 8-33

北京增值税专用发票

No 02083020

（全国统一发票监制章　北京　国家税务总局监制）

发票联

45000012345　　　　开票日期：2017年05月15日

购买方	名　　称：北京超越高温材料有限公司 纳税人识别号：1023785938709Q 地 址、电 话：北京市房山区高新技术工业园区208号010-83483907 开户行及账号：工商行房山支行高新分理处100381208024119			密码区	4>9>58>6>1/36/1+-2+4/6-11-9<98/36584<*>5<230543>2*/+183<16*++0-15>7.3*<*>7+6+2*4-5/-9>8+/32404>8-4+028515618		
货物或应税劳务、服务名称	规格型号	单位	数量	单价	金额	税率	税额
Canon激光打印机	L5031	台	10	1 740.00	17 400.00	17%	2 958.00
合　　计					17 400.00		2 958.00
价税合计（大写）	⊗贰万零叁佰伍拾捌元整				（小写）¥20 358.00		
销买方	名　　称：北京冰蓝电脑公司 纳税人识别号：62463123405345 地 址、电 话：北京朝阳区356号 010-81376275 开户行及账号：中行朝阳办事处863219023562			备注	（北京冰蓝电脑公司 62463123405345 发票专用章）		

收款人：　　复核：　　开票人：张云阳　　销售方：（章）

第三联：发票联　购买方记账凭证

表 8-34

北京超越高温材料有限公司设备验收单

2017年5月18日　　No.20100507

设备名称	Canon激光打印机	规格型号	L5031	单位	台	数量	10
购置日期	2017年5月15日	出厂日期	2016.4.20	单价（元）		1 740.00	
使用年限	5年	残值率	0	出厂编号			
产地	越南	出产厂家	Canon（中国）	使用方向		管理部门办公	
备注							

主管：周利博　　采购：何杰坤　　验收：吴学雄　　保管：于士松

第二联　会计记账

表 8-35

记账凭证

2017年9月22日　　银付字第78号

摘要	会计科目		借方金额										贷方金额										记账√
	总账科目	明细账科目	千	百	十	万	千	百	十	元	角	分	千	百	十	万	千	百	十	元	角	分	
购华硕笔记本电脑10台	固定资产	办公设备				7	2	5	4	0	0	0											
	应交税费	应交增值税（进项税额）				1	2	3	3	1	8	0											
	银行存款	工行														8	4	8	7	1	8	0	
附件5张	合　计				¥	8	4	8	7	1	8	0			¥	8	4	8	7	1	8	0	

会计主管：郭琳玉　　记账：程仁福　　出纳：陈英　　审计：郭华　　制证：陈英

表 8-36

费用报销单

填报日期 2017 年 9 月 22 日

部 门	物流部	姓名	何杰坤
报销事由	购买华硕笔记本电脑 10 台		
报销单据 3 张合计金额（大写）捌万肆仟捌佰柒拾壹元捌角整		（小写）￥84 871.80	
单位主管	韩飞	部门主管	周利博

会计主管：郭琳玉　审核：郭华　出纳：陈英　填报人：何杰坤

表 8-37

中国工商银行北京分行进账单（回单）　1

2017 年 9 月 18 日　第 078 号

汇款人	全 称	北京超越高温材料有限公司	收款人	全 称	北京冰蓝电脑公司
	账 号	100381208024119		账 号	863219023562
	开户银行	工商行房山支行高新分理处		开户银行	中行朝阳办事处

金额	人民币（大写）捌万肆仟捌佰柒拾壹元捌角整	千	百	十	万	千	百	十	元	角	分
				￥	8	4	8	7	1	8	0

票据种类	转账支票
票据张数	1张
单位主管　会计	
复核　记账	

中国工商银行 2017.09.18 转 账 转讫

出票人开户行盖章

表 8-38

支票存根

中国工商银行

转账支票存根

支票号码：00812234

科 目

对方科目

出票日期：2017.09.18

收款人：	北京冰蓝电脑公司
金 额：	￥84 871.80
用 途：	货款
备 注：	

单位主管：　会计：

复核：　记账：

表 8-39

北京增值税专用发票

№ 02083028

发票联

开票日期：2017年05月15日

购货方	名　　称：北京超越高温材料有限公司 纳税人识别号：1023785938709Q 地址、电话：北京市房山区高新技术工业园区208号010-83483907 开户行及账号：工商行房山支行高新分理处100381208024119				密码区	47*+81*54691<15222/*3486 >2/*4>++>5+95318***95449 *+1**93-8*64>>/226407< 66 - > 36/ + 268232//5/++-4294 7598< /15120 <<	
货物或应税劳务、服务名称	规格型号	单位	数量	单价	金额	税率	税额
华硕笔记本电脑	GT950L	台	10	7 254.00	72 540.00	17%	12 331.80
合　　计					72 540.00		12 331.80
价税合计（大写）	⊗捌万肆仟捌佰柒拾壹元捌角整				（小写）￥84 871.80		
销售方	名　　称：北京冰蓝电脑公司 纳税人识别号：62463123405345 地址、电话：北京朝阳区356号010-81376275 开户行及账号：中行朝阳办事处863219023562				备注	北京冰蓝电脑公司 62463123405345 发票专用章	

第三联：发票联　购买方记账凭证

收款人：　　复核：　　开票人：张云　　销售方：（章）

表 8-40

北京超越高温材料有限公司设备验收单

2017年9月18日　　No.20100900

设备名称	华硕笔记本电脑	规格型号	GT950L	单位	台	数量	10
购置日期	2017年9月18日	出厂日期	2017.04.20	单价（元）		7 254.00	
使用年限	5年	残值率	0	出厂编号			
产地	石家庄	出产厂家	华硕	使用方向		管理部门办公	
备注							

第二联　会计记账

主管：周利博　　采购：何杰坤　　验收：吴学雄　　保管：于士松

表 8-41

记账凭证

2017年9月3日　　银付字第126号

摘要	总账科目	明细账科目	借方金额 千	百	十	万	千	百	十	元	角	分	贷方金额 千	百	十	万	千	百	十	元	角	分	记账√
购买打印机等	固定资产	办公设备					2	3	9	3	1	6											
	应交税费	应交增值税（进项税额）						4	0	6	8	4											
	银行存款																2	8	0	0	0	0	
附件7张	合计					￥	2	8	0	0	0	0				￥	2	8	0	0	0	0	

会计主管：郭琳玉　　记账：程仁福　　出纳：陈英　　审计：郭华　　制证：陈英

表 8-42

费用报销单

填报日期 2017 年 9 月 1 日

部门	市场部	姓名	王家辉
报销事由	购买打印机、移动硬盘和硬盘盒		
报销单据 6 张　合计金额（大写）贰仟捌佰元整			（小写）¥ 2 800.00
单位主管	韩飞	部门主管	汪刚

会计主管：郭琳玉　　审核：郭华　　出纳：陈英　　填报人：王家辉

表 8-43

中国工商银行北京分行进账单（回单）

2017 年 9 月 1 日　　1　　第 025 号

汇款人	全称	北京超越高温材料有限公司	收款人	全称	北京冰蓝电脑公司
	账号	100381208024119		账号	863219023562
	开户银行	工商行房山支行高新分理处		开户银行	中行朝阳办事处

金额	人民币（大写）贰仟捌佰元整	千	百	十	万	千	百	十	元	角	分
					¥	2	8	0	0	0	0

票据种类	转账支票
票据张数	1张

单位主管　会计

复核　记账

中国工商银行
2017.09.01
转账
转讫

出票人开户行盖章

表 8-44

支票存根

中国工商银行

转账支票存根

支票号码：00812239

科　　目

对方科目

出票日期：2017.09.01

收款人：	北京冰蓝电脑公司
金　额：	¥ 2 800.00
用　途：	货款
备　注：	

单位主管：　会计：

复核：　记账：

表8-45　**北京超越高温材料有限公司设备验收单**

2017年9月2日　　No.20160911

设备名称	Canon打印机	规格型号	L3031	单位	台	数量	1
购置日期	2017年9月1日	出厂日期	2017.06.12	单价（元）		1 538.46	
使用年限	5年	残值率	0	出厂编号		2016320612014	
产地	越南	出产厂家	Canon（中国）	使用方向		管理部门办公	
备注							

主管：王方　　采购：范玉军　　验收：李波　　保管：何青青

第二联　会计记账

表8-46

北京增值税专用发票

№ 02083026

全国统一发票监制章　北京　国家税务总局监制

发票联

45000012345　　开票日期：2017年9月1日

购买方	名　　称：北京超越高温材料有限公司 纳税人识别号：1023785938709Q 地 址、电 话：北京市房山区高新技术工业园区208号010-83483907 开户行及账号：工商行房山支行高新分理处100381208024119	密码区	-1/489<97+-41*/2**+772-*9 ><644510380-<-<>501<*+2/ 84+6<+4<439<7/1//6>752< 96+*+7329*-/<266710798->> +<1206*>4440

货物或应税劳务、服务名称	规格型号	单位	数量	单价	金额	税率	税额
Canon打印机	L3031	台	1	1 538.46	1 538.46	17%	261.54
合　计					1 538.46		261.54
价税合计（大写）	⊗壹仟捌佰元整				（小写）¥1 800.00		

销售方	名　　称：北京冰蓝电脑公司 纳税人识别号：62463123405345 地 址、电 话：北京朝阳区356号010-81376275 开户行及账号：中行朝阳办事处863219023562	备注	北京冰蓝电脑公司 62463123405345 发票专用章

收款人：　　复核：　　开票人：岳腾　　销售方：（章）

第三联：发票联　购买方记账凭证

表8-47　**北京超越高温材料有限公司设备验收单**

2017年9月2日　　No.20160913

设备名称	西数移动硬盘	规格型号	2TB	单位	个	数量	1
购置日期	2017年8月28日	出厂日期	2017.07.21	单价（元）		683.76	
使用年限	5年	残值率	0	出厂编号		2017100721009	
产地	广东东莞	出产厂家	西数（中国）	使用方向		管理部门办公	
备注							

主管：王方　　采购：范玉军　　验收：李波　　保管：章孟玉

第二联　会计记账

表 8-48

北京增值税专用发票

№ 02083027

（全国统一发票监制章 北京 国家税务局监制）

发票联

45000012345　　　　开票日期：2017年8月28日

购买方	名　称：北京超越高温材料有限公司 纳税人识别号：1023785938709Q 地址、电话：北京市房山区高新技术工业园区208号010-83483907 开户行及账号：工商行房山支行高新分理处100381208024119					密码区	4>9>58>6>1/36/1+-2+4/6-11-9<98/36584<*>5<230543>2*/+183<16*++0-15>7.3*<*>7+6+2*4-5/-9>8+/32404>8-4+028515618	
货物或应税劳务、服务名称	规格型号	单位	数量	单价	金额	税率	税额	
西数移动硬盘	2TB	个	1	683.76	683.76	17%	116.24	
移动硬盘盒		个	2	85.47	170.94	17%	29.06	
合　计					854.70		145.30	
价税合计（大写）	⊗壹仟元整				（小写）￥1 000.00			
销买方	名　称：北京冰蓝电脑公司 纳税人识别号：62463123405345 地址、电话：北京朝阳区356号 010-81376275 开户行及账号：中行朝阳办事处863219023562					备注	（北京冰蓝电脑公司 62463123405345 发票专用章）	

第三联：发票联　购买方记账凭证

收款人：　　复核：　　开票人：岳腾　　销售方：（章）

六、实训工具

审计工作底稿“库存现金监盘表”“应收账款坏账准备计算表”“应付职工薪酬计提情况检查表”“存货计价审定表”“固定资产及累计折旧审定表”“账项调整分录汇总表”“资产负债表试算平衡表”“利润表试算平衡表”电子稿或纸质稿，如项目二～七。

七、能力进阶

1. 如果超越公司为一家虚拟公司，公司仅为虚增收入而为，并拒绝进行审计调整，注册会计师应该发表何种审计意见，审计报告应该如何撰写？

2. 如果超越公司实际存在，但是其2017年12月26日所购货物于2018年1月25日全部退回，且其订货量占超越公司一季度销量的1/3，注册会计师应该发表何种审计意见，审计报告应该如何撰写？

参考文献

［1］俞校明.审计实务［M］. 北京：清华大学出版社，2009.

［2］俞校明.审计［M］. 大连：大连出版社，2008.

［3］刘明辉.审计［M］. 6版.大连：东北财经大学出版社，2017.

［4］李晓慧.审计学：实务与案例［M］. 北京：中国人民大学出版社，2008.

［5］朱明.审计业务全真实训［M］. 北京：清华大学出版社，2013.

［6］梁红霞.审计实务［M］. 北京：清华大学出版社，2010.

［7］中国注册会计师协会.中国注册会计师执业准则应用指南2010［M］. 北京：中国财政经济出版社，2010.

［8］中国注册会计师协会拟定，中华人民共和国财政部颁布.中国注册会计师执业准则（2010）［S］. 北京：经济科学出版社，2010

［9］财政部注册会计师考试委员会办公室.审计［M］. 北京：经济科学出版社， 2017.